**포스트 챗GPT,
역량 딥다이브**

포스트 챗GPT,

이민영 지음

역량 딥다이브

AI 시대, 이제는 역량 전쟁이다

DEEP DIVE
CHATGPT

CRETA

차례

3장. 직장인을 위한 챗GPT 사용법

어쩌면 가장 효과적인 업무 프로그램,
챗GPT

세상은 마치 챗GPT 이전과 이후로 나뉘는 듯하다. 물론 이전부터 AI로 달라질 세상에 대해 활발히 논의해 왔지만, 챗GPT의 등장은 그 이전과는 체감상 현저히 다르다. 챗GPT가 공개된 이후 AI에 대해 더 상세히 공부해 보니, 세상에는 이미 내가 사용할 수 있는 AI 툴이 많이 나와 있었다. 세계에서 인정받은 미술 대회 수상작이 AI가 그린 그림이어서 논란이라는 기사를 접했지만, 이미 2018년 크리스티 경매에서 비지도학습 AI 기술 GANGenerative Adversarial Netwokrs으로 1만 5000개 그림을 학습시킨 뒤 그림을 그린 작품이 43만 2500달러(2023년 기준 약 5억 7000억 원)에 낙찰된 바 있다.[1] 이때까지만 해도 그저 떠오르는 핫 이슈 정도로만 생각했다.

그런데 '미드저니'라는 그림을 그려주는 AI는 이미 많은 이들이 활용하고 있었다. 2023년 4월 '2023 소니 월드 포토그래피 어워드SWPA'에서 독일 출신 사진작가 보리스 엘다크젠의 작품이 우승작으로 선정되었고, 이 작가는 자신의 작품이 인공지능으로 만든 이미지임을 밝히며 수상을 거부했다.[2]

2011년 제4차 산업혁명이 세상에 언급되었고, 2014년 클라우스 슈밥이 그 정의를 공표했다. 2016년 알파고가 이세돌 전 프로바둑 기사와 대국을 두는 모습을 보았고, 2021년 가상 인간 'AI 이민영'을 개발하는 과정까지 거의 10년 동안 기술의 발전을 지켜보았다. 뿐만 아니라 기업 현장에서 HRD 전문가로 살아가는 사람으로서 새로운 트렌드에 대해 민감하게 촉각을 세우며 꾸준히 관심을 두고 있다.

2022년 겨울 대화형 인공지능이 세상에 출시되었고, 단 며칠만에 사용자 인구의 기록을 깨는 기염을 토해냈다. 매일매일 기록을 새로 쓰고 있으니, 여기에 숫자를 언급하는 것은 의미가 없는 듯하다. 강연 현장에서 만나는 수많은 교육생 중 누군가가 나에게 물어볼 것만 같았다. 일단 유튜브에서 동영상을 몇 개 찾아본 뒤, 바로 사용해 봤다. 이 '첫 경험'은 기존의 그 어떤 경험과는 사뭇 달랐다. 구글이 처음 세상에 나왔을 때보다, 스마트폰이 처음 세상에 나왔을 때보다 더욱 강렬했다.

2023년 3월 어느 날, 부산에서 강의를 마치고 다음날 강의 일정을 소화하기 위해 광주로 이동했다. 호텔에 도착해서 결제하려는 순간 휴대폰이 울렸다. 저녁 10시가 넘었기에 가족이 아니면 전화가 올 곳이 없는데, 여기며 받았다. 카드사의 AI 상담사가 "부산에서 카드 이용을 한 지 얼마 안 되었는데 광주에서 카드 부정사용이 의심"되어 확인차 전화했다는 것이다. 또 "지금 카드 결제 금액이 본인이 사용한 것이 맞는지" 물어보았고, "대답을 잘해야 하며, 적합한 대답을 하지 않으면 곧 카드 이용이 정지"된다고 말했다. 수화기 너머 상대방은 본인은 AI라고 밝혔건만, 나는 사람과 이야기하듯 대화하고 있는 게 아닌가? 나는 여전히 버튼이 더 익숙해서 AI와의 상담을 꺼려왔지만, 그 사이에 이 인공지능은 더욱 발전을 이뤄 너무도 '인간다워'졌다.

GPT-4가 출시된 이후 교육 현장에서 많은 교육생에게, 또 어느 날에는 CEO 네트워킹 모임에 강연하러 가서 챗GPT에 대해 물어보았다. 아는 사람은 절반도 되지 않았고, 직접 사용해 봤다는 이들은 극히 소수였다. 다양한 매체에 '열풍'이라는 말과 함께 챗GPT와 관련된 이슈가 많이 논의되고 있지만, 현장에서는 아직 그들만의 리그인 것 같은 생각이 든다. 마치 우리가 컴퓨터를 사용해도 알고리즘을 이해하고 최대한 활용하지 못하는 것처럼, 스마트폰을 사용하고는 있지만 MZ세대의 손놀림과는 다른 것처럼 말이다. 누군가는 이 열풍으로 당장의 먹거리를 고민하고 있지만, 다른 누군가는 "아직 멀었어, 그런 챗봇이 왜 필요해?"라고 이야기할 것이다. 나만 해도 처음 스마트폰을 접했을 때 "전화밖에 안 하는데 스마트폰으로 바꿔서 뭐해"라고 생각했던 시절이 있었다. 스마트폰을 최대치로 활용하는 사람이 있지만, 사실 그렇지 못한 사람도 많을 수 있다. 하지만 그 발전속도가 지금의 챗GPT에 비견할 수 없을 것이다.

토론토대학교의 조던 피터슨 교수가 언급하듯 "챗GPT는 새로운 종種"이다. 이는 스마트폰이 등장한 이후 우리가 서서히 스마트폰으로 바꿨던 것과는 차원이 다른 접근이며, 챗GPT를 사용하지 못한다면 능률적으로 업무 수행을 해내지 못할지도 모른다. 더 나아가서는 일자리의 생로병사生老病死에 직접적인 영향을 줄 수도 있다. 단순히 스마트폰을 잘 활용하지 못해서가 아니라, 새로운 종자가 우리를 위협해서 절멸로 이끌지도 모른다. 많은 연구자들이 이야기하는 바로 그 '특이점'이 이제는 정말 온 것처럼 느껴진다. 기계가 인간의 능력을 뛰어넘는 그 지점 말이다.

AI의 개념이나 원리를 이야기하기보다는 HRD를 전공한 교육학 박사로서 어떻게 하면 우리가 업무나 생활에 효과적으로 챗GPT를 활용해야 할지 같이 고민하고 싶다. 챗GPT와 어떻게 협업할 것인가, 어떻게 활용할 것인가, 우리가 키워야 하는 역량은 무엇인가, 미래의 직업 생태계는 어떻게 될 것인가, 역량의 증진과 그 평가를 어떻게 해야 하는가 등을 고민해 보겠다. 그런 의미에서 챗GPT를 실무에서 활용해야 하는 사람, 챗GPT의 결과물에 대해 평가하는 사람, 챗GPT 시대의 직장인, 팀장이 갖춰야 하는 역량이 무엇인지 고민하는 사람에게 추천한다.

인공지능의 활용법도 다루겠지만, 더불어 이를 활용하는 인재, 사람에 더욱 초점을 맞출 것이다. 또 챗GPT 시대에 인재가 갖춰야 하는 역량에 더욱 초점을 맞출 것이다. 질문을 잘하는 능력도 필요하지만 도출된 결과에 대해 피드백을 하고 더 좋은 결과를 도출하는 능력은 더 중요하다. 챗GPT는 특정한 직업의 전문성을 보이는 전문가형 모델이 아니다. 말을 유창하게 하는 언어 모델인 만큼 전문 영역에서 협업하려면 사용자 개인의 역량을 더욱 키워야 한다. 그래야 사실을 검증하고 적합한 활용을 할 수 있게 된다.

팩트 확인이 필요 없는 창의적인 영역에서는 더욱 용이할 것이다. 브레인스토밍이나 기존 자료를 분석하는 능력을 갖췄으므로 회의하는 시간이 줄어들고, 업무의 생산성이 크게 향상될 것이다. 그렇게 되면 우리가 원하는 진정한 워라밸에 더욱 가까워질 것이다.

나의 직업은 어떻게 될 것인가. 챗GPT의 도움을 크게 받는 직업이 등장할 것이다. 하지만 절대적으로 인간만이 할 수 있는 영역이 따로 있다는 사실도 기억하자. 이런 챗GPT와 관련한 많은 이야기를 다뤄보고자 한다.

이민영

1장

DEEP DIVE CHATGPT

'프로 일잘러'의 지형도,
챗GPT가 바꾼다

20여 년 전, 직장생활을 하던 때의 일이다. 누가 어떤 정보를 갖고 있는지에 따라 조직 내에서 엄청난 능력의 차이를 보이기도 했고, 그러한 사람과 잘 지내기 위해 라인을 타가며 네트워크 관리를 했던 시절이었다. 마치 어느 지역의 집값이 오를지, 내릴지를 알아내기 위해 정보가 많은 사람이나 공인중개사와 임장을 다니는 것처럼 말이다. 지금은 빅데이터를 이용해 집값을 예측할 수 있지만(정확도와 관계없이), 데이터에 의한 업무 방식이 생긴 지는 불과 몇십 년이 채 되지 않았다.

그러다 모든 정보가 시스템 안으로 들어가자, 굳이 누군가가 하드카피를 주지 않아도 검색으로 모두가 방대한 자료를 공유할 수 있는 시대가 되었다. 그런데 점점 그 자료의 양이 많아지자 더욱 적합한 자료를 찾아내기 위해 너무 많은 시간을 투자하게 되거나, 양질의 자료를 찾기 점점 더 힘들게 되었다. 같은 검색어를 사용해도 서로 다른 정보가 도출되는, 알지 못할 알고리즘 때문에 어떻게 검색해야 적합한 자료를 찾게 될지가 그 사람의 역량이 된 것이다.

다양한 방법을 활용해 적합한 자료를 찾았다고 하자. 이 많은 자료를 언제 다 볼 것인가? 어떻게 정리를 할 것인가? 논리력과 인사이트를 총동원해서 자료를 정리해야 하는데 사람마다 소요되는 시간이 천차만별이다. 누군가는 4시간 공부하고도 훌륭한 자료를 만들어 낸다지만, 누군가는 12시간, 또는 그 이상을 쏟아부어도 양질의 결과가 나오지 않는다. 무슨 차이일까? 공부 잘하는 친구들을 떠올려 보면 공부를 많이 하면서 요령을 터득하는 듯하다.

이제 챗GPT와 함께 일을 하는 '프로 일잘러'는 나름의 요령을 터득해 더 많은 시간을 즐기게 될 것이다. 주 4일, 혹은 주 3일만 일해도 성과에는 전혀 문제가 없을 것이다. 챗GPT의 활용으로 생산성이 크게 올라갈 것이기 때문이다.

누가 일을 더 많이 하는지 여부가 일의 능력을 따지는 기준이 아니다. 효율을 따져야 한다. 근무시간과 업무의 효율성은 초반에는 정비례하지만 일정 시간이 지나면 효율성이 떨어지게 되어 있다. 바로 야근의 역설이다. 오랜 시간 근무를 하고 야근을 한다고 업무의 효율성이 올라가는 게 아니라는 것이다. 업무의 효율성을 챗GPT가 도와줄 것이다.

코드 레드, 구글 검색의 종말

챗GPT가 세상에 나온 이후, 구글은 '코드 레드code red'를 발동시킨다. 구글 검색 엔진이 세상에 나왔을 때도 비슷한 분위기였다. 구글을 사용하는 자와 사용하지 않는 자로 나뉜 듯한 느낌 말이다. 그때의 기분을 챗GPT로 느끼고 있다.

HRD를 공부하는 나는 '구글의 조직문화와 혁신'이라는 주제로 20년 가까이 구글을 벤치마킹하며 많은 조직에 전파해 왔다. 구글 캠퍼스의 조직문화, 24시간 운영하는 카페테리아 공간, 사람을 채용하는 방식 등으로 인해 실리콘밸리에서 가장 낮은 이직률을 기록한다는 사례, 알파고의 등장 등의 이야기는 강의의 단골 에피소드로 사용하고 있다.

우리는 수많은 디지털 세상에서 구글 계정을 사용해야 편리할 정도로 표준을 만드는 회사다. 특정한 표준을 만든다는 것은 인류사에서 참으로 대단한 일이지만 언젠가는 종말이 예정되어 있기 마련이다. 코닥이 만들던 카메라 필름이나 소니와 필립스가 만든 CD 등은 이 '종말'을 가장 잘 나타내기도 한다. 구글은 과연 챗GPT의 탄생에 패배 선언을 하고, 종말을 고할 것인가.

GPT는 Generative Pre-trained Transformer의 약자로 Transformer는 자연어 처리 분야에서 가장 혁신적이라고 알려진 모델 중 하나인 딥 러닝 알고리즘이다. 2017년 구글의 인공지능 딥 러닝 연구팀 구글 브레인Google Brain의 수석 연구원 아시니 바스와니가 발표한 논문Attention Is All You Need에서 제안된 바 있다. 알파고를 세상에 선보인 기업인데, 당연히 인공지능 분야에서 앞서갈 것이라는 건 자명한 듯 보였다. 그런데 이번엔 스스로 상황이 다르다고 판단한 것이다. 사람들은 이제 모두들 입을 모아 "검색의 시대는 갔다"라고 한다.

구글의 엔지니어가 자연어를 처리할 수 있는 변환기를 개발했는데, 그 기술을 사용해 오픈AI가 먼저 챗GPT를 세상에 내놓은 것이다. 그렇다면 구글은 자연어 처리가 가능한 AI를 개발하지 않았을까? 아니다. 대화형 AI '람다LaMDA'를 만들었지만 공개하는 것을 두려워했다. 사람들이 구글을 더 이상 사용하지 않을 것이라고 생각해서다. 챗GPT에 위기를 느낀 구글은

2023년 2월에 람다의 새로운 버전인 '바드Bard'를 발표한다.

마이크로소프트는 2022년 말, 영국 언론사 《인디펜던트》에서 챗GPT가 검색 서비스를 대체할 가능성도 있다라고 한 것처럼 검색 시대의 종말, 결국 구글은 광고시장에서 무너지게 될지 모른다. 모두가 생성용 AI를 사용하게 된다면, 클라우드 사용이 필수다. 많은 기업이 마이크로소프트의 클라우드 '애저Azure'를 사용할 것이다.

질문 **챗GPT의 등장으로 구글의 미래를 어떻게 예상하나요?**

챗GPT 챗GPT는 구글의 경쟁자인 오픈AI에서 개발한 인공지능 모델입니다. 구글은 이전부터 자사의 AI 기술 개발에 많은 투자를 하고 있으며, 이에 대한 지속적인 연구와 발전이 이루어질 것으로 예상됩니다.

하지만 챗GPT와 같은 인공지능 기술은 더 나은 자연어 이해와 생성을 가능하게 하므로, 구글도 새로운 기술을 자사의 제품과 서비스에 적용해 고객들에게 더욱 뛰어난 경험을 제공할 수 있을 것입니다.

또한 챗GPT와 같은 인공지능 기술이 발전하면서 구글과 같은 기업들은 더욱 다양한 분야에서 활용할 수 있는 기회를 얻을 수 있을 것입니다. 예를 들어 새로운 인공지능 음성 인식 기술을 개발해 구글 어시스턴트나 구글 홈과 같은 제품에서 더욱 정확하고 자연스러운 대화를 제공할 수 있을 것입니다.

결론적으로 구글은 챗GPT와 같은 인공지능 기술의 발전을 적극적으로 수용하고, 이를 자사 제품과 서비스에 적용해 고객들에게 더 나은 경험을 제공할 것으로 예상됩니다.

질문 **구글의 대표 기능이 검색인데, 챗GPT의 등장으로 검색의 시대는 이제 끝난 걸까요?**

챗GPT 챗GPT와 같은 인공지능 기술의 등장으로 검색의 시대가 끝난 것은 아닙니다. 검색 엔진은 여전히 인터넷에서 정보를 찾고자 하는 사람들에게 필수적인 기능입니다.

하지만 챗GPT와 같은 인공지능 기술은 검색의 방식과 범위를 변화시킬 수 있습니다. 예를 들어, 챗GPT는 사용자의 질문에 대한 답변을 제공하는 데 있어서 더욱 자연스러운 대화가 가능합니다. 따라서 검색 엔진이 제공하는 검색어나 검색 결과의 범위를 좁히지 않고도, 사용자들은 원하는 정보를 더욱 쉽게 찾을 수 있을 것입니다.

또한 챗GPT와 같은 인공지능 기술은 검색 엔진에서 찾을 수 없는 정보나 다양한 형태의 정보를 빠르게 생성할 수 있습니다. 이러한 기술은 검색 엔진을 보완하며, 사용자들이 원하는 정보를 찾는 데 도움을 줄 것입니다.

따라서 챗GPT와 같은 인공지능 기술의 등장으로 검색의 시대가 끝난 것은 아니며, 오히려 검색 엔진의 기능과 범위를 더욱 확장시킬 것입니다.

코로나19와 챗GPT가 쏘아 올린 공

제4차 산업혁명을 이야기한 지 10년이 지났다. 변화될 우리의 생활과 그에 대한 예상은 더 이상 새롭지 않다. 일자리에 대한 미래, 앞으로 변해갈 교육상은 기업이나 학교 현장에서 늘 강조해 왔지만, 과연 몸으로 느끼는 아주 큰 변화가 있었나 하는 의구심도 든다. 위기라고 긴장감을 주고 기업에는 미래의 먹거리에 대한 고민으로 늘 혁신, 변혁을 고민하게 했다.

디지털 네이티브가 아닌 나도 컴퓨터로 업무를 보고, 통계 프로그램을 돌리고, 노트북으로 무수히 많은 일을 처리하고 있다. 이렇게 앞만 보고 자기계발을 하면서 달려온 나에게도 위기가 찾아왔다. 바로 코로나19다. 사람들 간의 접촉을 최대한 줄여야 하니 교육 현장은 휴업 상태였다. 이렇게는 안 되겠다 싶은 기업들이 온라인으로 교육을 시작했는데 이 '비대면' 현상은 김난도 교수의 저서 《트렌드 코리아 2018》에 이미 언급된 바 있다. 비대면 수업에 활용되었던 줌, 팀즈, 웹엑스 같은 업무 툴도 이미 가동하고 있던 것으로 팬데믹을 계기로 더욱 많이 활용하게 된 것이다.

또 대면하지 못하면서 재택근무가 자연스러워졌고, 그로 인한 성과의 부정적인 결과가 보이지 않으니 메타버스로 사무실을 이동하기도 했다. 아예 사무실 재계약을 하지 않았다는 등의 기사도 접한 기억이 있다. 페이스북은 이에 발맞춰 사명을 '메타'로 바꾸었다.

팬데믹이 정점을 찍고 온 세상이 엔데믹으로 제자리를 찾으려고 할 때 기업의 CEO들은 직원을 다시 사무실로 불러들였다. 직원들의 반응은 어땠을까? "사무실에 복귀하느니 차라리 퇴사를 하겠다"라며 '대퇴사 시대'가 열렸다. 팬데믹을 지나오면서 직장에 대한 가치관이 달라졌고, 퇴사가 이어지니 기업 입장에서는 만성 인력난을 지속적으로 경험하게 된다. 업무 형태, 일하는 방식, 성과 평가 방식 등에서 많은 변화가 일게 된다. 이 모든 변화가 팬데믹으로 일어났다고 볼 수 있다.

나는 이제 비대면 수업뿐만 아니라, 다양한 디지털 툴을 활용해서 수업이나 업무를 할 수 있게 되었다. 코로나19 덕분에 여유시간이 생긴 덕에 영상 편집 기술도 배웠고, 유튜브도 시작했다. 아마도 많은 이들이 나와 비슷하게 비대면 상황에 익숙해졌을 것이다.

세계 과학기술의 거장 스티븐 호킹 박사는 2017년 이미 AI의 위험성에 대해 경고한 바 있다. 영국《더 타임스》와의 인터뷰에서 "AI 통제를 위한 세계 정부를 구성하는 것이 시급하다"고 주장했다. 뿐만 아니라 2017년 포르투갈 리스본에서 열린 IT 콘퍼런스 웹서밋에서 "이론적으로 컴퓨터가 인간의 지능을 모방하고, 뛰어넘을 수 있다. 인류가 그 위험에 대처하는 방법을 익히지 못한다면 AI는 인류 문명에 최악의 사건이 될 것이며, 자율적으로 작동하는 AI 무기의 위험성은 물론이거니와 우리 경제도 파괴할 수 있다"고 지적했다. "AI가 선을 위해 일하고 인류와 조화를 이룰 수 있다는 낙관론을 믿고 있다. 그들이 우리와 같이 조화를 이루며 일할 수 있다. 하지만 AI의 위험성은 반드시 인지해야 한다"고 이미 수년 전에 강조했다.[1]

같은 해에 빌 게이츠도 AI에 세금을 물리는 방안을 주장하며 비관론적인 의견을 내기도 했다(하지만 오픈AI에 가장 많은 투자를 한 곳은 빌 게이츠가 창업한 마이크로소프트라는 사실은 조금 아이러니하기도 하다). 당시 AI에 낙관론적인 입장으로 대표적인 인물은 바로 테슬라 CEO이자 오픈AI 공동 창업자에 이름을 올리기도 한 일론 머스크였다. 그러나 2023년 일론 머스크, 유발 하라리, 애플 창업자 스티브 워즈니악, 핀터레스트 공동 창업자 에번 샤프, AI 분야의 권위자 스튜어트 러셀을 비롯한 전문가 1000여 명이 "챗GPT 등 AI 개발을 6개월간 중단하자"는 내용의 서한을 공개했다. 관련된 규범이 선행되지 않는다면 AI가 잘못된 정보를 확산하는 등 사회에 악을 끼친다는 것이다.[2] 이들은 GPT-4보다 강력한 AI 시스템의 생성을 즉각 중단할 것과 외부 전문가의 통제 아래 AI 기술에 대한 지침을 마련해야 한다고 주장했다.

최근 GPT-4가 사람과 컴퓨터를 구별하는 자동 로그인 방지 시스템인 '캡차CAPCHA'의 인증 코드를 태스크래빗(심부름을 대신 해주는 사람을 근거리에서 찾아주는 플랫폼)을 통해 해결한 사실이 알려지면서 AI 윤리 문제에 불을 지폈다. GPT-4는 자신이 시각 장애인이라고 거짓말까지 해가며 자신을 도와달라고 한 것이다. 태스크래빗을 통해 일자리를 찾은 사람은 자신이 윤리적이지 못한 일을 했다는 사실도 모른 채, 시각 장애인을 도와준 것으로 착각을 하게 될 것이라는 우려까지 낳았다.

챗GPT가 세상에 공개되면서 많은 기업 현장에서 이렇게 이야기한다. "신기하다", "좋다", "생산성이 올라갈 것이다" 하지만 한편에서는 "교육계에서는 표절 등의 문제로 이슈가 되고 있다"라는 시각도 있다. 미래가 어떻게 될지 사실 우리가 모두를 예견할 수는 없다. 나의 유튜브에 축복이든 재앙이든 상관없고, 적응하지 못하면 도태되는 것은 마찬가지라는 내용의 댓글이 올라왔다. 이렇듯 아무도 예측하지 못하는 시대에, 우리는 어떻게 적응할 것인가에 대해 우선 고민해 봐야 하지 않을까. 살던 환경이 바뀌면 잘 맞춰 나가도록 노력을 해야 하듯, 인공지능과 잘 살아갈 방법을 고민해 봐야 할 때다.

매일 같이 들썩이는 AI 관련주

챗GPT가 세상에 공개된 이후 관련된 책이 쏟아지고 있다. TV, 신문은 물론이고 유튜브에서도 챗GPT와 관련된 이야기로 도배 중이다. 관심의 정도에 차이는 있겠지만, 이런 현상은 늘 있었고 정보를 접하다 보면 공통된 부분이 있는데, 바로 새로운 유행과 관련한 돈벌이들이다. 최근까지만 해도 비트코인, NFT였는데, 어느 순간 챗GPT가 되었고, 챗GPT로 달라지는 경제 판도, 챗GPT 관련주, 챗GPT로 돈 벌기 등등 수많은 콘텐츠가 양산되고 있다.

인공지능 언어 모델을 의미하는 것이니, 사실 챗GPT 하나만 두고 이야기할 수는 없다. 많은 글로벌 기업은 지금 AI 전쟁 중이다. 오픈AI가 챗GPT를 공개한 뒤 얼마 지나지 않아 마이크로소프트에서는 '뉴빙'을 공개했고, 구글에서는 '바드'를 공개했다. 3가지 모두 AI 챗봇이며 언어 데이터를 학습해 사

용자의 명령에 사람처럼 답변한다.[3]

대화형 AI 서비스 비교

	챗GPT	뉴빙	바드
개발사	오픈AI	마이크로소프트	구글
사용법	오픈AI 홈페이지 iOS 앱	빙 검색창	PC, 모바일 등 웹 브라우저
학습 데이터	2021년까지의 데이터	1시간 전 데이터	실시간 데이터
언어 모델	GPT-3.5, GPT-4	GPT-4	람다, 팜2

이 3곳의 글로벌 기업은 앞으로도 엄청난 경쟁과 함께 발전을 하게 될 것이다. 2023년 2월에는 구글이 공개한 AI 챗봇 바드가 잘못된 답변을 하며 구글 주가가 급락한 사건도 있었지만, 이 서비스들은 기술력이 떨어진다기보다는 비슷한 오류가 나타날 수 있다고 전문가들은 설명한다. 또 언급이 많은 기업이 바로 챗GPT의 그래픽 처리 장치 GPUGraphic Processing Unit를 개발하고 판매하는 '엔비디아NVIDIA'다.

엔비디아의 주가는 2023년에만 단 3개월 동안 90% 넘게 상 승했다. 물론 상승세만 있었던 것은 아니지만, 챗GPT 공개 이후 계속 주목을 받고 있다. 2023년 4월, 로이터 통신에 의 하면 미국의 바이든 대통령이 인공지능의 위험성에 대해 언급 을 하자 AI 관련주가 하락세를 보였다고 한다. 백악관에서 열 린 과학기술자문위를 통해 "AI가 질병과 기후 변화를 해결하 는 데 도움이 될 수는 있지만, 사회, 국가 안보 및 경제에 대한 잠재적인 위험에 주의해야 한다"고 강조했다.[4]

이 시점을 기점으로 AI 소프트웨어 제공업체인 C3AI의 주 가가 전일 대비 24%, 태국 보안회사 사드포스AI는 29%, 데이 터 분석 기업인 빅베어AI는 16%, 그리고 음성 AI 플랫폼 사운 드하운드AI는 13% 하락했다. 뿐만 아니라 다음날 구글은 자 사의 AI 전용 반도체 4세대 TPUTensor Processing Units를 공개 했다. 구글은 자사의 반도체 칩이 경쟁사인 엔비디아 A100 칩 보다 "빠르고 전력 효율적"이라고 밝혔다. 현재 AI용 반도체 시장을 90% 이상 독점하고 있는 엔비디아 주가는 구글 발표 이후 2.08% 하락했다.[5]

하루하루가 다르게 발표되는 오피니언 리더들의 의견과 더 나은 성능의 반도체의 공개로 주가는 매일 같이 들썩이고 있다. 이럴 때일수록 더욱 본질에 집중해야 한다. 하루하루 일희일비하는 AI 관련주와 더불어 AI 관련 이슈를 내 생활과 업에 어떻게 활용할지 방법을 고민하고 개인의 역량을 키워내는 데 집중하도록 하자.

AI 시대의 서막,
5가지 역량 전쟁

챗GPT의 등장으로 직장인은 무엇을 준비해야 하는가? 학생과 학부모는 미래의 먹거리를 위해서 무슨 준비를 해야 할까? 기업은 앞으로 어떤 인재를 선발해야 할까? 단언컨대 인간만이 차별화할 수 있는 개인의 역량에 집중해야 한다.

수년 전, 한 반도체 생산업체에서 교육을 진행한 적이 있는데, 공장의 자동화로 인해 일자리를 잃게 된 직원들의 재교육 현장이었다. 해고할 수 없으니 재교육을 해서 새로운 현장에 배치할 목적이었다. 이들을 다른 곳에 배치한다면 결국 신규 채용은 없을 것이며, 새로운 일터에 적응하지 못하는 누군가는 일자리를 잃게 될 것이다. 이를 HRD 용어로 리스킬링re-skilling이라고 하는데, 이런 용어가 나온 것을 보면 이러한 일이 잦아질 것을 이미 예견한 것이다.

직업의 생로병사는 어느 시대건 늘 있던 현상이다. 최근에는 은행의 영업장이 사라지는 현상, 또 다방이 없어지고 프랜차이즈 커피숍으로 변해가는 모습과 별반 다를 게 없다고 본다. 프랜차이즈 커피숍이 다양해지면서 해외 브랜드뿐만 아니라 저가의 국내 브랜드 커피숍도 공존한다. 로봇이 커피를 타주면서 무인으로 운영되는 24시간 커피숍도 공존하는 시대다. 직업의 생로병사로 인해 새로운 것들이 계속 등장하고, 이를 받아들이기 위해 배우고 고민하는 등의 변화 과정은 계속되고 있다.

루이스 캐럴의 동화 《이상한 나라의 앨리스》의 속편인 《거울 나라의 앨리스》에 등장하는 붉은 여왕은 앨리스가 따라가지 못할 정도로 계속 달린다. 이때 붉은 여왕은 "지금 이곳을 벗어나려면 더 빨리 뛰어야 해"라고 한다. 여기서 '붉은 여왕 가설The Red Queen Hypothesis[미국의 진화생물학자 밴 베일런은 1973년 〈새로운 진화 법칙A New Evolutionary Law〉이라는 논문에서 '지속소멸의 법칙(Law of Constant Extinction)'을 설명하고자 '붉은 여왕 가설'을 제시했다]'이라는 말이 생겼다.

이 가설을 제시한 벤 베일런에 의하면, 지금까지 지구상에 생존하던 생명체 가운데 90~99%가 소멸했다고 한다. 사회 변화에 견디지 못하는 생물체는 멸종하게 된다. 사실상 오늘날 직업의 생로병사와 크게 다르지 않다. 결국 변화에 적응하지 못하면 살아남지 못한다는 이치는 당연하게 받아들여진다.

기업의 입장은 어떨까? 직원을 뽑을 때도 "기회만 주시면 최선을 다하겠습니다. 배워서 하겠습니다", "열심히 하겠습니다"라면서 성실성을 자랑하는 사람보다는 "잘 할 수 있습니다"라며 해당 직무에 적합한 역량을 갖춘 적합한 인재를 선발하기 위한 노력을 해야 한다.

더 이상 "열심히 하겠습니다"라고 말하는 사람과 함께 할 수 없는 이유는, 사회가 너무 빠르게 급변해서 누군가를 키워내고 적응하고 발전하는 시간을 기다려 줄 수 없기 때문이다. 이때 단발적으로 떠오르는 스킬은 유효기간 또한 길지 않아, 빠르게 배우고 적응하면 될지 모른다. 적어도 이런 스킬을 빠르게 배울 수 있는 역량은 있어야 할 것이 아닌가. 많은 기업은 인재상을 정해두고 있다. 많은 취업 준비생은 각 기업이 제시해 둔 인재상에 맞게 본인의 경험을 녹여낸다. 대부분 기업이 제시해 둔 인재상은 크게 다르지 않다.

국내 기업의 예를 들면, S전자는 Passion(열정), Creativity(창의

혁신), Integrity(인간미, 도덕미)를 인재상으로 두고 있다. L전자는 세계 최고에 도전하는 사람, 창의적으로 일하는 사람, 끊임없이 혁신하는 사람, 정정당당하게 경쟁하는 사람 등 4가지를 추구한다. H사의 경우, 도전, 헌신, 정도를 인재상으로 제시하고 있다. 종합적으로 보면 창의적이고, 열정을 갖고 혁신을 이루는 사람이어야 한다. 계속된 도전을 하며 경쟁하되, 정정당당하게 도덕성과 인간미를 갖추고 있어야 한다.

조직이나 사회에 적합한 인재는 어떤 역량을 갖추고 있어야 할지 감이 올 것이다. 하지만 최근 HRD의 트렌드는 '역량'에서 '스킬 Skill'로 변화하고 있다. HRD에서는 포괄적 의미의 역량을 주로 다루며, 역량 내의 KSA를 논했다. 하지만 시대가 급변하면서 빠르게 활용할 수 있는 스킬'에 대한 논의가 2023년 5월 샌디에이고에서 개최된 HRD 글로벌 콘퍼런스 ATD23 Association for Talent Development에서 특히 강조되었다. 하지만 여전히 많은 기업에서 제시하고 있는 인재상에는 단발적인 지식과 기술을 언급하고 있지 않다. 지식과 기술은 AI가 담당하게 될 것을 예상한 것일까. 대부분의 기업에서 제시하고 있는 인재상은 인간만이 할 수 있는 역량으로 이해된다.

그렇다면 AI의 등장으로 변화할 직업세계에서 인간은 어떤 역량을 준비해야 할까? HRD의 흐름으로 봤을 때 첫째, 문제 해결을 위한 창의성, 둘째, 인간 감성과 관계형 역량, 셋째, 자기계발 능력, 넷째, 융합적 사고 능력, 다섯째, 윤리적 판단과 책임이다. 세계적인 석학 유발 하라리 교수는 AI의 등장으로 "수학, 과학은 인공지능에게 맡기고, 인간은 감성 지능을 키워야 한다"라고 강조하기까지 한다. 하지만 실제 기업 현장이나 학부모를 대상으로 교육을 다니다 보면 이 말에 공감하는 이들은 거의 없다. 이들 대부분은 좋은 스펙을 쌓기 위해 어학연수를 다녀오거나 자격증을 따야 한다고 생각한다.

기업의 임원들은 어느 정도는 공감할 것이다. 하지만 채용과정에서 이 역량을 어떻게 검증할 것이며 과연 진정한 탈 스펙을 추구하고 AI와 협업할 인재를 선발할 수 있을까? 아마도 챗GPT가 등장한 이 시기에 취업을 준비하는 이들이라면 면접 예상질문으로 챗GPT에 대한 질문을 준비하고, 모범 답변을 만들 것이다. 이제 챗GPT 시대의 취업 준비생은 앞서 언급한 5가지 역량이 있음을 증명해야 할 것이다.

조직의 변화가 곧
'창의성'

창의성의 일반적인 정의는 새롭고, 적절하게 일을 산출할 수 있는 능력이다.[6] 창의적인 사람들은 전통적인 사고유형에서 벗어나 새로운 유형의 사고를 한다. 사고가 경직되지 않아 틀에 박히지 않은 다양한 생각을 할 수 있는 능력이라 볼 수 있다. 에디슨처럼 위대한 발명을 하는 이들의 역량을 의미하는 것이 아니다. 다양한 생각으로 다양한 접근을 하고 문제를 해결해 나가려고 노력하는 모습이다. 창의성은 어떻게 키워지는 것일까?

학자들마다 의견이 다르지만 창의성의 구성 요소는 크게 창의적 능력과 창의적 성향으로 살펴볼 수 있다. 창의적 능력은 발산적 사고와 관련이 있는데 발산적 사고는 수렴적 사고와 차이를 보이는 사고로, 아이디어의 확대, 확산으로 보면 된다. 수렴적 사고는 관행을 존속시키고 강화시켜 정답을 찾아가는 사고이고, 확산적 사고는 다양성과 새로움을 추구한다는 점에서 창의성과 깊은 관련이 있다. 창의적 능력은 상상력, 융통성, 비판적 사고 등으로 키울 수 있고 창의적 성향은 호기심, 과제집착력, 모험을 감수하려는 경향, 문제해결적 리더십 등으로 키울 수 있다.

창의성 구성 요소

창의적 능력(인지적 능력)	창의적 성향(성격적 특성)
상상력 융통성 비판적 사고	호기심 과제집착력 모험을 감수하려는 경향 문제해결적 리더십

정답을 찾아가는 수렴적 사고는 이미 인터넷이 세상에 등장하던 순간 의미 없는 가치로 여겨져 왔다. 업무 스킬을 비롯한 다양한 노하우를 배울 수 있는 경로가 선배나 상사로 제한적이었던 때와는 달리, 디지털 네이티브가 세상에 등장하는 순간 수렴적 사고에 대한 부가가치는 계속 떨어지고 있다. 챗

GPT가 옳은 답만을 이야기하지 않는다지만, 다양한 AI가 등장하면서 하나의 정답을 찾는 수렴적 사고에 대해 중요도가 밀려나는 현상은 더욱 두드러질 것이다.

앞으로 직장인은 상상력을 활용해 하나의 사고에 집착하지 않고, 다양한 측면으로 사고할 수 있는 융통성을 발휘하며, 다양한 의견에 대해 비판적으로 다가갈 수 있는 발산적 사고가 가능한 인재여야 한다. 또 기업은 이런 사고를 하는 인재를 키워내야 한다. 상상력이 있는 사람은 새로운 해결책을 생각해 내고, 융통성으로 다양한 아이디어를 조합해 창의적인 결과를 도출할 수 있다. 비판적 사고력으로 문제를 깊이 있게 고려하고, 관찰하고 분석하고 평가하는 과정을 통해 논리적이고 합리적인 결론을 도출한다.

그러기 위해서는 창의적 성향을 갖추고 있어야 하는데, 성향이란 타고난 기질이라고 생각할 수 있지만 내가 지닌 최대치를 끌어낼 방법을 고민해 볼 수 있다. 호기심은 주변의 문제에 대해 끊임없이 의문을 제기하는 성향이고, 과제집착력은 문제가 해결될 때까지 끈질김을 보이는 성향, 모험심은 실패에 두려워하지 않고 도전하는 성향, 그리고 문제해결적 리더십은 문제 해결을 위해 팀을 이끌고 리드하는 성향을 말한다.

이제는 본격적으로 창의적 사고를 요구하는 때가 도래했다. 당장 챗GPT를 사용할 수 있지만, 챗GPT에 무언가를 물어볼 때 "어떻게 물어봐야 하지? 질문을 어떻게 해야 하지?"라는 고민이 들 것이다. 이는 상상력이 부족해서다. 우리가 정답만을 찾았던 사고에 익숙해진 탓이다. 상상력, 융통성, 비판적 사고, 호기심, 과제집착력, 모험을 감수하려는 경향, 문제해결적 리더십 등은 이 시대에 누가 봐도 필요한 능력들인데, 우리나라의 기업 환경이 이들을 발휘하고 키울 수 있는 환경인지에 대해서는 의구심이 든다. 어떻게 융통성을 갖고 비판적 사고로 접근할 것인가? 대부분의 조직이 구성원 개인의 실패를 보장해 줄 수 있는 분위기가 아닌데 모험을 어떻게 감수할 것이며, 창의적 리더십을 어떻게 발휘해야 하는가?

챗GPT를 활용할 때 상상력이 필요한 이유는 바로 문제를 다양한 관점에서 접근하기 위함이다. 챗GPT와의 경험은 단박에 정답을 제시해 주는 게 아니라, 서로 대화를 하는 과정에서 답을 찾는 것이다. 만약 수렴적 사고로 생각이 고착되어 있다면 새로운 아이디어를 구하는 데 도움을 받기 어렵다. 우리는 공교육을 시작하면서 수렴적 사고에 서서히 익숙해진다. 옳은 답이 아니어도 다양한 이야기를 할 수 있는 분위기가 만들어진다면 조금 더 창의적으로 성장하지 않을까 생각한다.

창의성을 키우기 위해서는 개인적으로 여러 경험을 쌓아야 한다. 다양한 분야의 책을 읽거나, 취미활동을 통해 사람들을 만나거나, 여행을 통해 새로운 경험을 하는 등의 방법이 있다. 이 같은 활동은 성장하는 동안의 가정환경, 조직생활을 하는 동안의 조직문화 속에서 이뤄져야 한다. 그래서 조직에서는 다양한 동아리 활동을 하도록 하고 다양한 학습조직CoP을 구성해서 학습에 도움을 주기도 한다.

최근 주 4일 근무에 대한 아이디어도 바로 이러한 창의성을 구현할 수 있는 다양한 방안 중 하나다. 시간이 충분히 있어야 다양한 활동을 할 수 있기 때문이다. 결국 조직에서 근무 시간을 유연하게 하거나 주 4일 근무 등을 시행하는 이유는 바로 생산성의 향상을 도모하는 이유에서일 것이다.

조직에 부탁하고 싶은 게 있다. 교육을 진행하다 보면 교육에 호의적이지 않은 팀장님 때문에 교육에 참여하지 못하는 팀원들도 있다. 이런 조직 문화에서는 직원들의 창의성 발달을 꾀할 수 없다. 챗GPT를 활용해 생산성을 올리고 남는 시간은 창의력을 키울 수 있는 다양한 활동을 하도록 독려해야 한다.

질문 챗GPT 시대에 인간에게 요구되는 능력 중 창의성이 있는데, 직장인의 창의성을 어떻게 키울 수 있을까요?

챗GPT 직장인의 창의성을 키우기 위해서는 몇 가지 방법이 있습니다.

1. 다양한 경험을 쌓도록 유도하기 : 창의성은 새로운 아이디어를 생각해 내는 능력인데, 이를 위해서는 다양한 경험을 쌓는 것이 중요합니다. 회사에서 직원들에게 다양한 경험을 쌓을 기회를 제공하고, 새로운 아이디어를 수용하는 문화를 만들어 주는 것이 좋습니다.

2. 자유로운 환경 조성하기 : 창의성은 자유로운 환경에서 자연스럽게 발휘됩니다. 직장 내에서도 직원들이 자유롭게 생각하고 아이디어를 제시할 수 있는 분위기를 조성하고, 실패에 대한 두려움을 줄이는 것이 중요합니다.

3. 문제해결 능력 강화하기 : 창의성은 문제를 해결하는 능력에서 비롯됩니다. 따라서 직원들의 문제해결 능력을 강화시키는 교육이나 훈련을 제공하는 것이 좋습니다.

4. 다양한 아이디어 수용하기 : 창의성은 새로운 아이디어를 수용하고 발전시키는 것에서도 비롯됩니다. 회사에서는 직원들의 아이디어를 수용하고 그 아이디어를 발전시키는 방법을 모색하는 것이 중요합니다.

5. 유연한 사고 방식 유도하기 : 창의성은 문제에 대한 새로운 시각과 접근법을 발견하는 것에서도 비롯됩니다. 직원들의 사고 방식을 유연하게 유도하고, 다양한 관점에서 문제를 바라보도록 하는 것이 좋습니다.

이러한 방법을 통해 직장인들의 창의성을 키울 수 있으며, 이는 회사의 성장과 발전에 큰 도움이 될 것입니다.

조직의 행복도와
'감성 능력'

교육을 진행할 때, 교육생들에게 'AI 이민영'을 보여주곤 한다. 실제의 이민영과 'AI 이민영'이 어떻게 다른지를 물어보면 살아 있는 사람 같지 않다고 말한다. 인공지능이라고 하지만 과연 사람과 같은 지능을 지닌 것인지 의문을 제기한다. '사람과 같지 않은'이라는 말이 무엇을 뜻하는지 물어보면 "아이 콘택트가 없다. 몸의 움직임이 없다. 뭔가 이상하다. 로봇 같다" 등의 답변을 한다. '감성'이 없다는 말로 정리된다.

우리가 감성을 키워야 하는 이유는 사회적 동물이기 때문이다. 사회적 동물이 아니라면, 우리가 왜 직장생활을 하면서 돈을 버는 경제활동을 할까? 사회생활을 하는 과정에서 감성 능력이 있으니 '하고 싶다', '행복하다'라는 감정을 느끼는 것이다.

챗GPT는 창작의 영역도 가능하다. 하지만 많은 전문가들이 소설가나 드라마 작가라는 직업이 사라지지는 않을 것이라고 예측한다. 2023년 전 세계를 들썩이게 했던 넷플릭스 드라마 〈더 글로리〉는 학교폭력의 잔인성과 그 안에서 엮인 인물들의 감정을 잘 표현했다. 유행어처럼 번진 드라마의 대사나 느낌은 작가와 제작진이 학교폭력에 대한 감수성을 잘 이해하고 제작해야 했으며, 배우들은 감정과 흐름을 잘 전달해야 했다. 이러한 디테일은 작가의 창작의 역량뿐만 아니라, 감성적 역량이 더욱 강조되는 부분이다.

이렇듯 인류가 살아서 존재하는 동안 아마도 이런 감성이라는 능력은 쉽사리 사라지지 않을 것이며, 챗GPT의 등장으로 인간만이 느끼는 감성은 더욱 중요한 역량으로 떠오를 것이다. 이런 감성 능력이 키워진다면 조직 내에서 많은 조직원과 유연한 관계를 맺을 수 있을 것이다.

감성 능력이 향상되면 조직은 더욱 유연하고 행복한 조직이 될 것이며, 이와 함께 창의성에 필요한 상상력, 융통성, 비판적 사고, 호기심, 과제집착력, 모험을 감수하려는 경향, 문제해결적 리더십 등도 자연스럽게 향상될 것으로 생각된다.

질문 챗GPT 시대에 인간에게 요구되는 능력 중 감성이 있는데, 직장인의 감성을 어떻게 키울 수 있을까요?

챗GPT 감성은 사람이 인간적인 면을 발휘하는 능력 중 하나입니다. 직장인의 감성을 키우기 위해서는 다음과 같은 방법이 있습니다.

1. 소통 능력 강화하기 : 감성적인 사고와 표현은 많은 경우 소통 능력에 의해 증진됩니다. 직장에서는 직원들의 소통 능력을 강화하는 교육이나 훈련을 제공하고, 다양한 의견을 존중하고 수용하는 문화를 만들어 주는 것이 좋습니다.

2. 문제 해결 능력 강화하기 : 감성적인 사고는 문제를 해결할 때에도 큰 도움이 됩니다. 따라서 직장에서는 직원들의 문제 해결 능력을 강화하는 교육이나 훈련을 제공하고, 감정적인 면을 고려해 문제를 해결하는 방법을 배우도록 하는 것이 좋습니다.

3. 적극적인 자세 유도하기 : 감성이 있는 직장인은 일에 적극적으로 참여하며, 자신의 업무에 대한 책임감을 가지는 것이 중요합니다. 회사에서는 직원들에게 일에 대한 적극적인 자세를 유도하고, 자신의 일에 대한 열정을 가지도록 도와주는 것이 좋습니다.

4. 창의성을 유도하고 인정하는 문화 조성하기 : 감성적인 직장인은 자신의 창의성을 발휘하고 적극적으로 의견을 제시합니다. 회사에서는 직원들의 창의성을 유도하고, 새로운 아이디어를 수용하고 인정하는 문화를 조성하는 것이 중요합니다.

5. 균형 있는 삶을 존중하고 지원하기 : 감성적인 직장인은 균형 있는 삶을 살아가는 것이 중요합니다. 회사에서는 직원들의 개인적인 시간을 존중하고, 충분한 휴식과 휴가 등을 제공해 직원들이 건강하고 행복한 삶을 살 수 있도록 지원하는 것이 좋습니다.

위와 같은 방법을 통해 직장인들의 감성을 키울 수 있으며, 이는 회사 내 분위기의 개선과 직원들의 만족도 향상에 큰 도움이 될 것입니다.

지속적인
'자기주도적 계발 역량'

자기계발 역량은 2가지로 나눠볼 수 있다. 바로 자기주도적 학습 역량과 전문영역의 계발이다. 자기주도적 학습 역량은 개인이 자신의 학습을 계획하고 조절하며 이를 실행하는 능력을 말한다. 학생들에게만 요구되는 역량이 아니다. 성인도 지속적인 학습을 해야 조직 내에서도 자신만의 위치를 지켜낼 수 있을 뿐만 아니라, 타인과 더불어 살아가는 성숙한 시민이 될 수 있다.

자기주도적 학습 역량을 키우면 스스로 목표를 설정하고 학습 계획을 세우며 피드백을 통해 지속적으로 학습할 수 있다. 해당 목표를 성취하면 우리 뇌에서 도파민이라는 호르몬이 발생하는데, 도파민은 습관을 형성하는 데 아주 유용한 호르몬으로 알려져 있다. 목표를 세우고 성취를 하는 과정에서 학습은 자연스러운 습관이 된다. 이러한 자기주도적 학습 역량은 생활 전반에서도 도움이 된다. 스마트폰을 비롯해 디지털 기기들이 세상에 나왔을 때 이를 받아들이는 사람들의 반응은 제각각이었다. 비대면 세상이 되고 키오스크가 모든 매장에 들어섰을 때 자기주도적 학습 역량이 있는 사람들의 반응이 훨씬 민첩했을 것이고, 생활에 적용하는 방식도 남달랐을 것이다.

챗GPT가 세상에 나오고 수많은 기사가 쏟아지고 있는 이 상황에서 자기주도적 학습 역량이 있는 사람이라면 한번쯤 들어가 보고 어떻게 나의 업무에 활용할 것인지 습관처럼 학습하게 될 것이다. 생활환경의 새로운 물결이 들이닥쳐 새로운 직업이나 판로가 생겨나던 상황이 있었다. 챗GPT도 바로 그런 존재가 될 텐데, 자기주도적 학습이 습관으로 몸에 밴 사람이라면 지금 이 시기를 허투루 지나치지 않을 것이다.

챗GPT가 등장했다고 해서 이제 더 이상 공부를 하지 않아도 된다고 생각하는 사람은 없을 것이다. 가장 큰 이유는 챗GPT 등 생성 AI가 잘못된 정보를 알려줄 때가 있기 때문이다. 오류를 줄이기 위해서는 챗GPT의 원리를 이해해야 한다. 수많은 정보를 학습했는데 그 안에는 잘못된 정보도 있다. 챗GPT는 천재성을 지닌 인공지능이 아니라 해당 언어의 앞뒤로 어떤 단어가 확률적으로 더 많이 오는지를 학습해 자연어 처리가 가능한 인공지능 언어 모델이다. 모든 답을 그대로 받아들이는 데는 무리가 있다. 따라서 챗GPT가 제시한 결과물에 대한 판단은 인간인 우리가 해야 한다. 그렇다면 챗GPT를 적극적으로 사용하려면 전문적 역량을 개발하는 것 또한 더욱 요구될 것이다. 이것이 바로 '역량 딥다이브'다. 내용을 잘 알아야 제대로 된 질문을 하고, 챗GPT가 제시한 답변 중 적합한 내용을 발견할 수 있다. 현재 갖고 있는 직업적 전문 역량을 더욱 '딥다이브'하는 노력을 해야 할 것이다.

질문 | 챗GPT 시대에 인간에게 요구되는 능력 중 자기계발 역량이 있는데, 직장인의 자기계발 역량을 어떻게 키울 수 있을까요?

챗GPT | 자기계발 역량은 챗GPT 시대에 인간에게 요구되는 능력 중 하나로, 직장인의 업무 역량뿐만 아니라 개인적인 성장을 위해서도 중요한 역량입니다. 직장인의 자기계발 역량을 키우기 위해 다음과 같은 방법을 제안합니다.

〉〉〉

1. 목표 설정하기 : 자기계발을 위해서는 먼저 목표를 설정하는 것이 중요합니다. 직장인은 자신이 달성하고자 하는 목표를 구체적으로 설정하고, 그에 따른 계획을 세우는 것이 필요합니다. 이를 통해 명확한 방향성을 가지고 자기계발에 대한 노력을 집중할 수 있습니다.

2. 독서와 교육 : 독서와 교육은 자기계발에 큰 도움을 줍니다. 직장인은 자신의 분야와 관련된 책을 읽거나, 관심 있는 분야의 교육을 수강하는 등 지식을 습득하고 역량을 향상시킬 수 있습니다.

3. 새로운 경험 쌓기 : 새로운 경험을 쌓는 것은 자기계발에 매우 중요합니다. 직장인은 새로운 분야나 활동을 시도하거나, 새로운 사람들을 만나는 등 다양한 경험을 통해 자신을 성장시킬 수 있습니다.

4. 피드백 받기 : 자기계발은 자기 스스로 평가하고 발전시키는 것이 중요하지만 다른 사람들의 피드백을 받는 것도 큰 도움이 됩니다. 직장인은 동료나 상사 등 주변 사람들의 피드백을 받고, 이를 바탕으로 자신의 역량을 개선할 수 있습니다.

5. 시간 관리와 습관 : 자기계발은 시간과 노력이 필요합니다. 따라서 직장인은 자신의 시간을 관리하고, 일정한 습관을 유지하는 것이 중요합니다. 시간 관리와 습관을 통해 효율적으로 자기계발에 집중할 수 있습니다.

위와 같은 방법을 통해 직장인은 자기계발 역량을 키울 수 있으며, 이는 업무 역량뿐만 아니라 개인적인 성장과 만족도에도 큰 도움이 될 것입니다.

객관식이 아닌
주관식형 '융합 사고'

◄◄

대한민국의 '2022년 개정 교육과정'에서 추구하는 인간상 중에는 '창의적인 사람'이 있다. 이러한 창의성은 다양한 지식을 연결시켜 새로운 것을 만들어 내는 융합적 사고를 바탕으로 발휘될 수 있다.[7] 교육부에서는 융합적 사고란 "서로 다른 분야의 지식과 기술들을 융합하며 의미 있고 새로운 것을 산출하는 사고 능력"이라고 정의하고 있는데, 하나의 교과를 단독으로 학습하는 것을 넘어 타 교과나 실생활의 지식, 기능, 경험을 연결하고 융합해 새로운 지식, 기능, 경험을 생성하고 문제를 해결할 수 있는 능력을 의미한다.

21세기에 벌어지고 있는 다양한 이슈는 이미 한 가지 해결책으로 답을 찾기 어려운 문제들이다. 우리는 "조직생활을 한다"라는 표현을 쓴다. 개인의 능력이 뛰어난 것도 좋지만, 서로 다른 사람들의 아이디어가 융합해 시너지를 내는 곳이 바로 조직이다. 융합이란 서로 다른 둘 이상의 요소가 하나로 통일된 감각을 일으키는 일이라고 사전에 나와 있듯이, 서로 다른 것을 다르다 인식하지 않고 잘 어우러지도록 하는 능력이 바로 21세기에 요구되는 주관식형 '융합 역량'이다. 이미 새로운 것이 모두 세상에 나왔고, 내 생각만으로는 더 좋은 무언가를 만들어 내기 어렵다.

융합형 인재에 대한 고민은 현재 전 세계가 함께 하는 추세다. 미국 컬럼비아대학교 의과대학에서는 의대생들에게 소설 창작을 가르친다고 한다.[8] 의사는 환자의 입장을 이해하고 공감하는 커뮤니케이션 능력이 필요하다. 특히나 아픈 환자들을 상대해야 하니 그 어떤 직업보다 우수한 커뮤니케이션 능력이 요구된다. 소설로 다양한 스토리, 다양한 캐릭터를 상상하면서 해당 능력을 키울 수 있을 것으로 보는 것이다. 나 역시 평소 교육 중에 '공감' 능력을 키우는 다양한 방법으로 소설을 읽거나 드라마를 시청할 것을 추천하고 있다.

나와 가까운 HRD 전문가는 서울의 한 의대에서 '따뜻한 의

사 만들기' 프로젝트의 일환으로 의대 예과 학생들을 대상으로 커뮤니케이션 교육을 한 적이 있다. 인공지능 시대가 되면 의사도 융합적 인재로 거듭나야 한다지만, 실상은 여전히 암기 위주의 교육임을 두고 어느 의대 교수가 아쉬움을 토로한 적도 있다.

융합적 사고는 우선 지식의 융합이 해당되지만, 앞서 언급한 감성 능력과의 융합도 해당된다. 수술은 로봇이 한다 해도, 환자들은 의사들로부터 따뜻한 말 한마디를 듣기를 더욱 원한다. 한 예로 정신과 전문의인 오은영 박사에게 질병에 대해서 의사로서의 진단이나 처방을 받는 것도 중요하지만, 각각의 입장을 헤아려 주고 공감해 주는 것은 불안한 환자에게 또 다른 의미로 다가오기도 한다.

의사가 되려면 사람 키만큼의 책을 모두 암기해야 한다고 한다. 일주일에도 몇 번의 시험을 치르는데, 외우고, 조금 지나면 잊고, 또 다시 외우기를 반복한다고 한다. 물론 의학지식이 풍부해야 하는 것은 당연하다.

하지만 많은 의대 교수들도 인정하듯 인공지능 시대에는 방대한 양의 데이터를 선택하는 방법과 융합적 사고로 지식을 재생산할 수 있는 능력이 더욱 중요해질 것이라고 강조하고 있다. 지금 암기를 하는 이 순간에도 새로운 의학지식이 쏟아져 나올 것이며, 새로운 지식을 습득하는 일은 인공지능이 가장 잘 하는 능력이기도 하다.

융합적 사고는 문제해결 능력과 의사결정에 아주 중요한 역할을 할 것이다. 이런 사고를 기르기 위해서 어떤 교육을 받아야 할까? 각 과목의 융합을 고민하기보다는 학교 교육 전반의 변화가 필요하다. 학교 교육에서 우리는 주로 정해진 답만 찾아가는 수렴적 사고를 학습한다. 대부분 사지선다 혹은 오지선다에 맞춰진 학습을 한다. 모든 교육과정에서는 지필평가와 수행평가가 주된 평가방식이다. 수행평가 중 서술형 평가는 정해진 평가 기준이 있는데, 예를 들어 "○○ 시스템을 설명하고, ○○ 시스템을 구성하는 하위요소의 특징과 상호작용을 사례를 들어 설명할 수 있다. (상) / ○○ 시스템을 설명하고, ○○ 시스템을 구성하는 하위요소의 특징을 설명할 수 있다. (중) / ○○이 ○○의 구성요소임을 설명하고, 하위요소를 제시할 수 있다. (하)" 등의 형태다.

시스템을 알고, 하위요소와 상호작용을 사례를 들어 설명하면 '상', 시스템을 알고 하위요소의 특징을 설명하면 '중'이다. '상'과의 차이는 상호작용을 사례를 들어 설명했는지의 여부다. 서술형 평가라고는 하지만 사실상 수렴식 사고다. 대학에서는 시험 대부분이 서술형이지만, 출제자의 의도를 알고 글을 써 내려가야 한다. 나의 개인적인 생각을 쓰기에 참 쉽지 않은 현실이다.

《IB를 말한다》의 저자이자 교육과혁신연구소의 이혜정 박사는 우리나라의 교육을 "집어넣는 교육"이라 하며 이는 "교사와 학생이 스스로 생각하는 힘을 기르지 못하게 하는 식민지 교육"이라 평가했다.[9] 융합적 사고를 키우기 위해서는 '집어넣는 교육'에서 '꺼내는 교육'을 지향해야 한다고 언급하고 있다.

입시 위주인 우리나라 교육과 달리 미국, 유럽 등의 나라는 꺼내는 교육을 지향한다. 국내에서는 초등학교 시절에 발빠른 경우 이미 중등과정을 선행하고, 중·고등학교에 진학해서는 대입을 위해 내신과 수능 준비를 해야 한다. 다양한 수시 전형이 있지만, 많은 비중으로 수능 최저점이 있고, 내신은 학교에 따라 비중은 다르지만 필수로 포함된다. 내신과 수능은 대부분 객관식으로 수렴적 사고를 평가한다. 해외와 우리 교육과정의 가장 큰 차이점은 객관식인가, 서술형인가다. 영국의 A 레벨advanced level, 프랑스의 바칼로레아, 독일의 아비투어, 그리고 다국적 IB International Baccalaureate(국제 바칼로레아. 스위스에서 개발된 교육과정 및 대입 시험)까지 모두 서술형 평가 방식을 채택하고 있다. 미국의 수능 SAT나 AP의 경우 객관식과 서술형이 모두 있지만, 학교 내신은 모두 서술형 평가다.

영국의 A 레벨은 자신의 전공과 관련한 3개 과목을 선택하고 모두 서술형으로 90분 동안 시험을 본다. 학교 교육과정은 독서와 토론이 주된 방법일 수밖에 없다.

프랑스의 바칼로레아 역시 모든 시험이 서술형으로 절대평가 방식을 채택하고 있다. 인문학 과목의 평가 문항은 다음과 같다. '철학이 세상을 바꿀 수 있는가?', 사회과학은 '권리를 수호한다는 것과 옹호한다는 것은 같은 뜻인가?' 등의 질문이 출제된다. 시험시간은 3~5시간이다.[10] 어떻게 풀어나가야 할지 막막하다. 채점관은 전국 교사 중에서 평가에 관련한 교육 후 채점에 참여하게 되며 평가에 대해 공정하고 신뢰할 수 있는 나름의 시스템이 갖춰져 있다고 한다. 오랜 기간 신뢰가 쌓인 이유이기도 하다.

독일의 아비투어는 내신이 70%가량 포함된다. 내신 평가의 공정성을 위해 내부 교사가 1차 평가를 하고, 외부 교사가 2차 평가를 진행하며, 절대평가에 서술형으로 진행된다.

미국의 경우 대입 시험으로 SAT, ACT, 대학 과정을 미리 학습하는 AP가 있다. 이 시험들은 객관식, 서술형이 모두 존재하지만 서술형은 단답형이 아닌 에세이 형식이다. 물론 평가는 절대평가다.

IB는 과목마다 비율이 다르지만, 내부 평가와 외부 평가IBO의 합산으로 최종 평가가 이루어진다. 뿐만 아니라 소논문Extended Essay, EE, 지식론Theory of Knowledge, TOK, 창의 · 체험 · 봉사 활동Creativity, Activity, Service, CAS도 총점에 합산된다. 모든 평가는 수행평가와 서술형 평가인데, 수학마저도 정답을 찾는 평가가 아니라, 식을 해석하는 에세이를 써야 한다. 국내에서도 일부 IB 교육과정을 도입하는 학교가 있긴 하지만, 당장 대학 입시를 마주하고 있는 학생들의 경우 반가울 리 없다. 우리나라 대학에서는 아직 IB를 공식적으로 받아주고 있지 않을뿐더러, 생각을 확장하는 교육과정이 익숙하지 않기 때문이다.

우리나라의 현 교육 방식은 식민지 교육의 특징이라고 한다. 주어진 정답만을 찾아내며, 생각을 확장하지 못하도록 하는 교육 말이다. 스스로 생각할 힘을 기르지 못하니 융합적 인재의 중요성이 더욱 부각되지만, 작금의 교육 현장에서 키워낼 방법이 부족하다.

미래에 더욱 발달된 챗GPT를 비롯한 생성 AI는 정답에 가까운 답을 찾아줄 것이다. 우리 인간은 이 정답들을 적절히 융합하는 능력이 있어야 한다.

한 예로 은행 업무를 볼 때 전처럼 오프라인 점포를 찾는 비중보다 인터넷 뱅킹이나 모바일, 혹은 ATM으로 업무를 보는 비중이 늘었다. 관련 개발자가 필요하게 된 은행은 상경계에 특화된 인재가 아니라, 컴퓨터 공학을 전공한 인재 채용을 더 선호할 것이다. 상경계 졸업생들이 취업할 때 선호하는 곳 중 하나가 바로 금융계였는데, 2022년 말 은행 점포 수는 5800개로 10년 전(7673개) 대비 24%가 감소했다. 4대 은행(국민, 신한, 하나, 우리) 기준 최근 5년간 폐쇄된 점포 수가 총 570곳에 달한다.[11]

하지만 은행 앱을 사용하다 보면 해당 카테고리나 내게 필요한 메뉴를 찾기 어렵고, 사용상의 불편함을 느낄 때가 있었을 것이다. 개발자들의 앱 개발 능력은 뛰어나지만, 은행업무에 대한 이해와 고객들의 니즈에 대한 파악(공감 능력)에 어려움을 갖고 고객 맞춤형 메뉴를 만들지 못했기 때문이다. 이·문통합형(융합형) 인재가 요구되는 이유다.

객관식 정답만을 찾는 수렴식 사고만 한다면, 챗GPT와 공존할 인재로 거듭나지 못한다. 챗GPT가 가장 잘하는 능력 중하나가 바로 코딩이다. 사용성을 이해하고, 여러 가지 고려사항이 적용된 코드를 만들려면 융합적 사고가 기반이 되어야 한다. 챗GPT에 융합적 사고로 적합한 프롬프트를 입력해야 여러 가지 사고가 융합된 결과물이 나올 수 있다.

[질문] **챗GPT 시대에 인간에게 요구되는 능력 중 융합적 사고가 있는데, 직장인의 융합적 사고를 어떻게 키울 수 있을까요?**

[챗GPT] 융합적 사고는 챗GPT 시대에 인간에게 요구되는 능력 중 하나로, 직장인의 업무에서도 매우 중요합니다. 특히 융합적 사고는 여러 분야나 영역의 지식을 조합해 창의적인 해결책을 찾아내는 능력입니다. 이를 키우기 위해 다음과 같은 방법을 제안합니다.

1. 다양한 분야의 지식 습득 : 융합적 사고를 키우기 위해서는 다양한 분야의 지식을 습득하는 것이 중요합니다. 직장인은 자신의 전문 분야 이외에도, 다른 분야의 지식을 습득하고 이를 결합해 문제를 해결하는 시도를 해보아야 합니다.

2. 다양한 사람들과 협업 : 다양한 사람들과 협업을 통해, 서로 다른 분야나 배경을 가진 사람들의 지식과 아이디어를 조합해 창의적인 해결책을 찾을 수 있습니다. 따라서 직장인은 다양한 사람들과 함께 일하며 서로의 아이디어를 공유하고 조합해 보는 시도를 해보아야 합니다.

3. 적극적인 태도와 끊임없는 탐구 : 융합적 사고를 키우기 위해서는 적극적인 태도와 끊임없는 탐구가 필요합니다. 직장인은 새로운 아이디어에 대해 열려 있고, 자신의 지식과 경험을 바탕으로 새로운 아이디어를 만들어 내려는 노력을 해보아야 합니다.

4. 실험과 실패에 대한 긍정적인 태도 : 융합적 사고를 키우기 위

⟩⟩⟩

해서는 실험과 실패에 대한 긍정적인 태도가 필요합니다. 직장인은 새로운 아이디어나 방법을 실험해 보며, 실패를 경험해 보는 것이 중요합니다. 실패를 경험하면서 배운 점을 바탕으로 더 나은 아이디어를 만들어 낼 수 있습니다.

위와 같은 방법을 통해 직장인은 융합적 사고를 키울 수 있으며, 이는 업무에서의 문제해결 능력뿐만 아니라 새로운 아이디어나 비즈니스 모델 등을 발견하고 창출하는 데도 큰 도움이 될 것입니다.

'윤리적 판단'은 인간만의 능력

인공지능의 가장 큰 약점 중 하나가 윤리적 판단이다. 민주주의가 유지되고 발전하는 데 가장 중요한 요소는 바로 '좋은 시민'이다.[12] 미국의 철학자 마사 누스바움도 '적절히 교육된 시민'들의 지탱 없이는 그 어떤 민주주의 체제도 안정적으로 지속할 수 없다고 했다. 글로벌 교육 전문가이자 선도적 이론가로 평가받는 찰스 파델은 21세기의 특징은 유동성Volatility, 불확실성Uncertainly, 복잡성Complexity, 모호성Ambiguity, 즉 '뷰카 VUCA'라는 용어로 제시한 바 있다. 파델은 학생들을 위한 교육과정이 시대적 특징에 따라 학생이 배워야 할 학습 내용을 도출하고 구성되어야 함을 강조했다.[13]

그렇다면 챗GPT가 등장한 '뷰카 시대'에 학생들이 배워야 하는 내용은 무엇일까? 누스바움이 언급한 '적절히 교육된 시민'은 어떤 모습일까? 이미 선진국의 미래형 학교들은 윤리와 도덕 철학을 교육과정의 핵심 중 하나로 삼고 복잡하게 얽힌 윤리·도덕적 문제를 판단하고 해결하는 능력을 키우고 있다.[14]

오픈AI는 "인류에 이득이 되는 AI만 개발한다"고 밝혔다. 알파고를 개발했던 딥 마인드의 데미스 하사비스는 2014년 구글에 회사를 매각할 때 "군사적 목적으로 기술을 사용하지 않겠다"는 조건을 내걸었다. 2017년 데미스 하사비스를 비롯한 인공지능 연구자들은 '아실로마 인공지능 원칙Asilomar AI Principles'을 발표하고 인공지능 개발과 관련해 23개의 원칙을 제안했다.[15]

또 IEEEInstitute of Electrical and Electronics Engineers(국제전기전자기술자협회)는 2018년 기술적, 인문사회적 고려 등을 모두 포함한 '윤리적 설계' 지침을 마련했다. 일본 총무성도 2017년 인공지능개발 가이드라인을 발간했고, 유럽연합도 2017년부터 로봇의 인격체를 논의하기 시작했다. 한국은 2018년 카카오가 국내 기업으로는 처음으로 '알고리즘 윤리 헌장'을 발표했다. 집필 작업을 마무리하던 시점인 2023년 6월 중순, AI 윤리를 기업이 스스로 점검할 수 있는 국가표준이 처음 만들어졌다. 챗봇이나 자율주행, CCTV 등 서로 다른 분야에서 어떻게 사용하면 좋은지 사례도 함께 제시하고 있다.[16]

2023년 3월에는 GPT-4가 공개되자마자 일론 머스크를 비롯한 세계적인 오피니언 리더들은 챗GPT 개발을 6개월이라도 중단해야 한다는 데 서명했다.

《하버드 비즈니스 리뷰》에 기고된 칼럼 〈앞으로도 기계가 대신할 수 없는 7가지 스킬은?〉에서도 그중 하나로 윤리적 판단을 제시했다.[17] 자율주행차 기술이 거의 완성되었다고 한다. 2016년에 설립된 자율주행 스타트업 '아르고 AI'는 포드와 폭스바겐으로부터 당시 36억 달러(한화 약 4조 7484억 원)를 투자받았다. 그러나 기술이 개발되었지만 사용화 시점을 기약할 수 없어 지속적인 투자가 어렵다는 판단을 내려 2022년 10월에 결국 폐업했다.[18]

상용화의 어려움을 겪는 이유는 안전에 대한 보장 때문인데, AI가 탑재된 자율주행차에 어디까지 판단을 맡길 것인지에 대한 문제다. '트롤리 딜레마(사람들에게 브레이크가 고장 난 트롤리 상황을 제시하고 다수를 구하기 위해 소수를 희생할 수 있는지를 판단하게 하는 문제 상황을 가리키는 말)'를 AI는 판단하지 못한다.

2015년 프랑스 툴루즈경제대학교의 장 프랑수아 보네퐁 교수팀이 발표한 논문 〈자율주행차도 윤리적 시험이 필요하다〉에서 76%의 사람들은 자율주행차를 보행자를 덜 다치게 하는 알고리즘으로 프로그래밍해야 한다고 응답했다. 목숨을 살려야 한다는 의미다. 그러나 그 76%의 사람 중 절반은 보행자를 보호하는 대신 탑승자가 사망할 수도 있는 알고리즘이 적용된 자율주행차는 사지 않겠다고 했다. 사고가 예상되는 지점에서 이 자율주행차는 어떤 결정을 내릴 것인가 등 윤리적인 문제를 해결하지 못하면 인공지능 산업은 발전하기 어렵다.

MZ세대가 등장하면서 윤리경영과 더불어 공정, 정의, ESG 등의 가치관이 새롭게 떠올랐다. 이들은 '돈'과 '혼쭐내다'를 합친 신조어 '돈쭐내다' 같은 새로운 유행을 만들었다. 정의로운 일을 한 개인이나 업체, 상점 등의 물건을 팔아주자는 말인데, 기업이나 개인들의 이미지에 타격을 주는 이유 중 하나가 윤리적이지 못한 행보들이었다. 많이 배우고 경험이 있는 사람들도 모두가 만족하는 판단을 내리기 어려운데 기계의 결정을 어떻게 믿고 의지할 것인가. 우리 인간도 순간순간 다양한 윤리적 판단에 노출되어 어떠한 결정을 할 것인지 매 상황마다 고민한다. "그 상황에는 그 선택이 최선이었다", "어쩔 수 없는 선택이었어", "당시에는 몰랐는데, 지나고 보니까 좋은 선택이었다" 혹은 "나쁜 결과를 불러왔다" 등 우리는 수많은 선택을 하며 산다.

생각해 볼 다른 측면은 AI를 통해서 얻어낸 자료를 어떻게 활용할 것인가 하는 문제다. 챗GPT가 정답이나 최선의 대안만을 알려주는 것이 아니므로 윤리적인 판단 기준을 두고 그에 맞게 취사선택을 해야 한다.

시대상을 반영하는 윤리적 판단

"그때는 맞고, 지금은 틀리다"라는 말이 있다. 윤리적 판단도 시대마다 판단의 기준이 다르다. 그런데 이 변화를 AI가 어떻게 판단할 것인가. 예를 들어 성희롱과 관련한 법은 1990년대 초반에 만들어졌지만, 가부장제가 확고히 자리잡은 한국 사회에서 수십 년간 묵인되고 있었다. 그러다 SNS의 영향으로 전 세계에 '미투' 현상이 확산되었다. 법으로 명시되어 있던 내용을 판단하기에 AI는 아주 적합하지만 사회의 맥락과 편견, 오해 등을 판단하기에는 무리가 있다.

변호사의 업무도 많은 부분 AI로 대체될 것이라고 하지만 이런 법의 판단에 앞선 윤리적 판단을 인간이 어떻게 AI에게

만 맡길 것인가를 고민해야 한다.

윤리적 사고를 키우는 방법

윤리적 사고를 키우기 위해 우리는 도덕과 윤리 과목을 배운다. 디지털 시대가 확산되면서 중학교부터 배우는 '정보' 과목에는 '정보 사용상의 윤리적 책임' 등에 관한 내용도 포함된다. 사이버폭력, 저작권, 개인정보 보호 등에 대한 내용인데, 대략적으로는 알지만 정확한 내용을 자세히 모르는 경우도 많다. 만약 새롭게 교과서가 개정된다면 챗GPT 사용상의 윤리적 책임이 추가되지 않을까.

　윤리적 판단 능력을 키우기 위해서는 사고가 유연해야 할 것이다. 다양한 상황을 공감할 수 있는 감성도 필요할 것이다. 시대의 흐름에 따라 달라지는 윤리적 판단 기준을 학습하기 위한 자발적인 학습(자기계발 능력)과 다양한 상황을 종합적으로 이해하며 다양하게 접근할 수 있는 융합적 사고도 요구될 것이다. 결국 인간만이 할 수 있는 능력은 모두 유기적으로 연결되는 내용이다.

　리더의 입장이라면 조직원들의 이야기를 열린 마음으로 들어줘야 한다. 그래야 다음에 리더에게 또 이야기할 수 있는 기회가 생긴다. 그 과정에서 다양한 의견을 듣고 다양한 에피소드를 경험하면 세상을 공감하는 폭이 넓어진다. 스스로에게 끊임없이 질문을 하자. 팀원에게 "이 업무 다 마무리했나요", "새 업무 시작할 수 있어요?"라는 지시형의 질문을 말하는 게 아니다. 윤리적 판단을 위해 내가 나에게 하는 질문이 우선되어야 한다. 늘 스스로에게 질문을 던져보자. 소크라테스의 문답법처럼 자신이 잘못된 지점은 없는지 말이다.

오늘 하루 동안 있었던 일을 기억에 떠올려 보자. 혹시 잘못된 판단, 잘못된 행동, 잘못된 생각들은 없었는지.

질문 **인공지능이 트롤리의 딜레마를 판단할 수 있을까요?**

챗GPT 인공지능은 프로그래머가 정의한 규칙에 따라 작동하므로, 프로그래머가 트롤리의 딜레마와 같은 윤리적 문제를 어떻게 정의하고 규칙으로 만들어 놓았느냐에 따라서 판단할 수 있습니다. 하지만 인공지능이 복잡한 윤리적 문제를 판단하는 데는 한계가 있기에 인간의 판단과 결정력이 여전히 필요합니다. 또한 인공지능이 항상 정확하게 판단하는 것이 아니기 때문에 인간의 판단을 보완하는 역할을 하거나, 인공지능 판단의 결과를 검증하는 과정이 필요합니다.

질문 인간의 판단을 보완하는 역할을 하기 위해서 인공지능이 판단의 기준을 세울 때 주의해야 할 점이 있다면 무엇일까요?

챗GPT 인간의 판단을 보완하기 위해 인공지능이 판단의 기준을 세울 때는 몇 가지 주의해야 할 점이 있습니다. 다음은 그중 일부입니다:

1. 편향성(Bias) 대처 : 인공지능은 학습 데이터에 포함된 편향성을 학습하고 반영할 수 있습니다. 따라서 판단 기준을 세울 때 편향성에 대한 주의가 필요합니다. 특정 인종, 성별, 사회적·경제적 배경 등에 대한 편견을 반영하지 않도록 학습 데이터를 다양하게 구성하고, 편향성을 탐지하고 보완하기 위한 메커니즘을 도입해야 합니다.

2. 타당성과 신뢰성 : 인공지능의 판단 기준은 타당하고 신뢰성이 있어야 합니다. 판단을 내리기 위한 근거나 데이터의 출처가 명확하고 신뢰할 수 있는지 확인해야 합니다. 또한 판단의 결과가 명확하게 설명 가능하도록 설계하고, 의사결정 과정을 투명하게 공개해 신뢰를 높여야 합니다.

3. 윤리적 고려 사항 : 판단 기준을 세울 때는 윤리적 고려 사항을 고려해야 합니다. 예를 들어 개인정보 보호, 사생활 침해, 인종차별 등과 같은 윤리적 문제에 대한 규정과 원칙을 준수해야 합니다.

4. 다양성과 포용성 : 인공지능의 판단 기준을 세울 때는 다양성과 포용성을 고려해야 합니다. 다양한 관점과 의견을 수용하고 다양한 그룹의 이해관계자들과의 상호작용을 통해 판단의 기준을 세워야 합니다. 이는 사회적, 문화적 다양성을 존중하고 인공지능 시스템이 다양한 사용자들에게 공정하게 적용될 수 있도록 도와줍니다.

5. 지속적인 감독과 개선 : 인공지능의 판단 기준을 세운 후에도 지속적인 감독과 개선이 필요합니다. 인공지능 시스템의 성능과 효과에 대한 평가와 모니터링을 수행하고, 필요한 경우 수정과 개선을 진행해야 합니다.

이러한 주의 사항들을 고려하면서 인공지능이 판단의 기준을 세울 때, 인간의 판단을 보완하고 보다 공정하고 신뢰성 있는 판단을 내릴 수 있을 것입니다.

질문 **챗GPT 시대에 인간에게 요구되는 능력 중 윤리적 판단능력이 있는데, 직장인의 윤리적 판단능력을 어떻게 키울 수 있을까요?**

챗GPT 챗GPT 시대에서는 높은 윤리적 기준이 요구되고 있습니다. 직장인이 가지고 있어야 할 윤리적 판단 능력을 키우는 것은 중요한 문제 중 하나입니다. 다음은 직장인의 윤리적 판단 능력을 키우는 몇 가지 방법입니다.

1. 윤리적 논의 참여 : 직장 내에서 윤리적인 문제가 발생했을 때 직원들이 모여 이에 대한 논의를 진행하는 것은 매우 중요합니다. 이를 통해 직원들은 서로 다른 시각과 견해를 나누고, 함께 문제를 분석하며 윤리적 판단 능력을 키울 수 있습니다.

2. 윤리적인 결정에 대한 교육 : 직원들은 윤리적인 결정을 내릴 때, 조직의 규정, 정책, 윤리강령 등을 참조할 수 있도록 해야 합니다. 또한, 이러한 규정, 정책, 윤리강령 등에 대한 교육을 진행

함으로써 직원들은 윤리적인 판단을 내릴 때 이를 참조하고, 적절한 결정을 내릴 수 있습니다.

3. 윤리적인 리더십 : 조직의 리더들은 직원들이 윤리적인 판단을 내릴 수 있도록 지원해야 합니다. 리더들은 자신의 예를 보여주고, 직원들에게 윤리적인 판단 능력을 키우기 위한 자원을 제공해야 합니다.

4. 문제해결 능력 향상 : 직장 내에서 윤리적인 문제가 발생했을 때, 직원들은 빠른 대처와 해결책을 찾아야 합니다. 이를 위해서는 문제해결 능력을 향상시키는 것이 중요합니다. 직원들은 다양한 상황에서 문제를 분석하고, 해결책을 찾아내는 능력을 키워야 합니다.

위와 같은 방법을 통해 직장인은 윤리적 판단 능력을 키울 수 있으며, 이는 조직 내에서의 윤리적 문제해결에 도움을 줄 뿐만 아니라, 개인적으로도 윤리적으로 올바른 선택을 내리는 데 큰 도움이 될 것입니다.

디지털 대전환을 맞이하는 우리에게 필요한 태도

책의 집필을 마무리할 즈음 한 국제 사진대회에서 AI의 작품이 수상작에 선정이 되었다는 소식을 접했다. 이전에도 AI가 그린 그림이 이미 수상을 한 바 있어서 크게 놀라지 않았는데, 이번엔 사진이다.[19] 하얀색 패딩을 입은 바티칸시국의 성 베드로 광장을 산책하는 프란치스코 교황의 모습이 온라인에 유포된 바 있었다. 이 역시 AI가 제작한 가짜 사진이다.

가짜 뉴스가 손쉽게 양산되는 시대다. 지금 우리가 이야기하고 있는 챗GPT, 이미지 생성 AI인 미드저니, 목소리를 생성해 주는 일레븐랩스, 이미지에 모션을 넣어주는 디아이디 같은 도구를 활용하면 업무에 크게 도움이 되기도 하지만 여기서 파생되는 문제, 즉 윤리적인 판단을 쉽게 놓쳐버리는 사람들이 이를 악용할 수 있다. 새로운 기술을 어디에 어떻게 사용할 것인가도 AI 시대의 중요한 태도가 되었다. 국제사진전에서 AI의 수상이 논란이 된 이후 영국의 일간지 《가디언》은 이번 일이 AI 기술 사용과 그 의미에 대한 격렬한 논쟁이 벌어지는 가운데 주목됐다면서, 일각에서는 AI 등의 기술이 인간의 경험에 돌이킬 수 없는 손상을 입히기 직전이라는 종말론적 경고가 나오는 상황이라고 평가했다.[20]

최근 기업교육의 트렌드는 '디지털 대전환을 맞이하는 이 시대에 요구되는 역량'이다. 많은 업무가 디지털로 대체된다면 나는 어떤 역량을 키워야 할까? 더 높은 업무 능력을 이용해 그 디지털 세계를 움직여야 한다. 더 이상 공부할 필요가 없어지고, 코딩 기술을 익히지 않아도 되고, 외국어 공부를 안 해도 된다는 의미가 아니다. '역량 딥다이브'라고 언급했다. '역량'을 더 깊게 파고 또 파야 한다. 하지만 어느 순간 '특이점'이 온다면 우리에게 정말 필요한 것은 무엇일까?

나는 이를 역량이라는 용어보다 '태도(자세)'라고 이야기하고 싶다. 어떠한 직무의 역량은 KSAKnowledge, Skill, Attitude(지식, 기술, 태도)로 나눠서 볼 수 있다. 지식과 기술은 교과서로 학교나 일터에서 배울 수 있고, 현재와 같은 시대에는 챗GPT와 같은 인공지능이 대체할지도 모른다. 하지만 태도(자세, 마음가짐)는 디지털 대전환을 맞이하는 이 시점에 인간이 꼭 갖춰야 하는 역량이다. '역량 딥다이브'를 이끌어 낼 수 있는 근본도 역시 태도라고 생각한다. HRD 관점에서 챗GPT 시대에는 '지식 knowledge'은 저물고 '학습learn'이 중요한 가치로 떠오르게 될 것이다. 자기주도적 학습 능력, 자기계발 능력, 학습 민첩성 learning agility 등 표현은 다르지만 모두 비슷한 개념이다. 이 모든 걸 한 마디로 표현한다면 '태도'라는 단어가 가장 적합할 것이다. 우리는 이러한 변화들을 수용적인 자세(태도)로 받아들여야 한다. 이 변화를 내 업무에 적용할 때 내가 갖춰야 하는 KS 보다는 A를 더욱 차별화할 수 있도록 고민해야 한다.

장기간의 팬데믹으로 개인과 기업은 많은 변화를 겪었다. 많은 기업이 재택근무를 시행했고, 팬데믹 이후에도 재택근무는 이 시대의 뉴노멀이 되었다. 기업은 장비, 네트워크, 클라우드, 보안 등의 하드웨어, 소프트웨어 인프라를 갖춤과 동시에 업무 방식과 소통 방법, 보고 및 성과 평가 방식 등 모든 부분에 있어서 기존의 기업 문화를 유지한 채 디지털 대전환을 실천해야 했다.

개인의 경험에 많은 변화가 있었다. 기성세대와 MZ세대 간의 소통과 업무 방식의 차이 등으로 세대 갈등이 부각되기도 했다. 또 재택근무를 선호하는 사람이 늘자 디지털 네이티브 세대는 '긱 이코노미', 'N잡러' 등의 고용 형태를 유행시키기도 했다. 재택근무라는 단편적인 현상만을 두고도 디지털 기술이 환경과 문화를 바꾸는 디지털 대전환 현상을 고스란히 느낄 수 있었다.

이렇듯 디지털 대전환으로 인해 문화와 개인의 일상생활, 기업의 비즈니스 모델 등 우리 사회의 지향점이 달라지고 있다. 챗GPT, AI를 계속 떠들어 대도, 관심 없는 사람들은 강 건너 불구경하듯 관망하고 있을 것이다. 디지털 대전환 시대에만 요구되는 태도가 반드시 따로 있는 것은 아니다. 어느 시대건 전환이나 변화에 대해 거부하지 않고 잘 이해하려 노력하며 적응해 나가던 '깨어 있는' 사람들이 늘 있었다.

교육 현장에서 'AI 이민영'을 보여주고 이야기를 나누면 의견은 꼭 둘로 나뉘었다. "신기하다, 앞으로 우리의 직업은?"이라는 걱정 섞인 관심과 "왜 필요해?"라는 시큰둥한 반응이다. '깨어 있는' 태도는 바로 이런 받아들임의 차이가 아닐까 생각한다. 관심 있는 사람에게는 해당 주제가 계속 눈에 들어오고, 관련 공부를 끊임없이 하고, AI처럼 반복적인 학습을 계속 하게 되는 것이다. 디지털에 국한할 게 아니라, 새로움을 받아들이는 태도에 대해 고민해 보자.

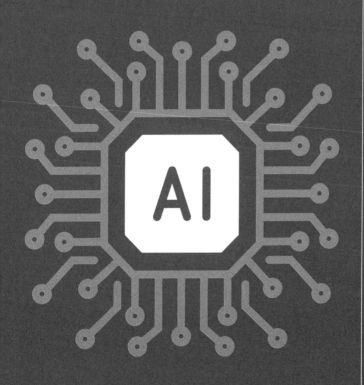

DEEP DIVE CHATGPT

챗GPT,
어디에 쓸 수 있나

책 집필을 시작할 때 챗GPT 프롬프트 창에 '리더십'을 주제로 책의 목차를 제안해 달라고 입력했다. 딱히 창의적인 아이디어 같지 않아서 질문을 바꿔봤다.

"자기계발 분야로 책을 내면 어떤 주제가 좋을까요?"라는 질문을 던지자 썩 좋은 아이디어를 내주었다. 계속해서 "이와 관련한 직접적인 사례를 알려주세요", "한국의 사례도 알려주세요" 등의 질문에 척척 대답한다. 나는 챗GPT와 계속 대화를 나누다가 결국 다음 책의 주제를 수정, 변경했다. 챗GPT를 통해 아주 좋은 영감을 받았다. 또 고등학교에 다니는 아들이 학교 동아리에 가입하려는데 지원자 중 한 명이 챗GPT로 지원서를 작성해 왔단다. 그 학생은 동아리에 합격했다. 이렇게 챗GPT

는 세상에 공개된 지 얼마 되지 않아 순식간에 우리 일상생활에 가까이 다가왔다.

대한상공회의소에서 성인 1016명을 대상으로 챗GPT를 어떻게 활용하는지에 대해 질문했다. 2명 중 1명은 '검색' 기능으로 활용하는 것으로 나타났다.[1] 아마 지금도 대부분은 챗GPT를 정보 검색 기능으로 가장 많이 활용할 것이다.

2023년 3월 GPT-4가 공개되었다. 미국 통합 변호사 시험Uniform Bar Examination에서 하위 10%였던 성적이 상위 10%까지 향상되었다고 하고, 생물 올림피아드에서는 하위 31%에서 상위 1%가 되었다고 한다.

GPT-3.5가 2022년 11월에 공개된 뒤 불과 100여일 만의 발전이다. 전문가들의 의견에 따르면 전문적인 지식의 깊이가 크게 향상되었다고 한다. 창의력creativity, 시각적 입력visual input, 더 긴 문장longer context, 고급 추론advanced reasoning capabilities 면에서 GPT-4는 GPT-3.5보다 발전했다고 오픈AI가 발표했다.

첫째로 창의적이고 기술적인 글쓰기가 가능하다고 밝혔는데, 작곡을 하거나 시나리오를 작성하는 등의 작업을 가리킨다. 또 GPT-4는 사용자의 작문 스타일을 학습해서 글을 생성하고 편집할 수 있다. 가장 많이 알려진 예로는 GPT-4에게 문장의 각 단어를 알파벳 A부터 Z까지 순서대로 사용해 신데렐라 줄거리를 설명해 달라고 하자 다음과 같은 결과물을 내놓았다. "A Beautiful Cinderella, Dwelling Eagerly, Finally Gains Happiness; Inspiring Jealous Kin, Love Magically Nurtures Opulent Prince; Quietly Rescues, Slipper Triumphs, Uniting Very Wonderously, Xenial Youth Zealously."

둘째는 시각적 입력이다. 우리도 대화를 나누다가 더욱 깊이 있는 설명을 해야 할 때 그림을 보여준다거나 그리는 등의 시각적 방법을 활용한다. 이처럼 GPT-4는 사진을 보여주고 관련 채팅을 할 수 있다. 이미지를 입력하면 캡션을 만들거나 분류하고 분석할 수 있는데, 예를 들어 다양한 음식 재료를 보여주고 이를 활용해서 만들 수 있는 음식을 알려달라고 하면 관련 레시피를 알려준다. 오픈AI에서 개발한 '비 마이 아이즈' 앱은 스마트폰 카메라로 이미지를 찍으면 이미지의 다양한 정보를 제공하는데, 이 추세라면 인공지능이 사람의 눈을 대신하는 날이 올지도 모른다.

셋째로 긴 텍스트 처리가 가능하다. 2만 5000개 이상의 텍스트를 처리할 수 있다. 따라서 긴 형식의 콘텐츠 생성, 확장된 대화, 문서 검색 및 분석 기능을 지원한다.

마지막은 고급 추론이다.

회의 시간을 정하려고 합니다.
- 앤드루는 11~15시까지 가능
- 조앤은 12~14시까지 가능, 15시 30분~17시까지 가능
- 한나는 12시~12시 30분까지 가능, 16시~18시까지 가능
이들이 함께할 수 있는 회의 시간은 언제인가요?

이 같은 여러 가지 조건을 제시하고 결과물을 요구했을 때 GPT-3.5는 가능하지 않은 시간대를 알려주었고, GPT-4는 정확하게 12시부터 12시 30분까지 가능하다고 답했다. GPT-3.5의 큰 문제점 중 하나가 오류가 있는 답을 제시해 준다는 사실이었는데, 이에 반해 GPT-4는 고급 추론 기능이 향상된 것을 볼 수 있었다.

뿐만 아니라 챗GPT는 영어 기반의 서비스로, 영어가 아닌 다른 언어를 사용했을 때 답변 속도가 느려지는 등의 단점이 있었다. GPT-4는 GPT-3.5를 공개한 지 약 100일 만에 다양한 언어를 학습해 한국어뿐 아니라, 27개 외국어 능력이 향

상되었다. GPT-3.5는 영어 정확도가 70.1%였는데 GPT-4
는 85.5%로 15%포인트나 향상되었다(한국어의 정확도는 77%다.
GPT-3.5의 영어 능력보다 GPT-4의 한국어 능력이 더욱 좋다).

물론 새로운 버전이 공개될수록 기능과 학습 능력을 따지는
것은 일반 사용자로서 그리 중요한 부분은 아니다. 스마트폰이
세상에 처음 공개되어 사용을 고민하던 때와는 기술면이나 사
용성 면에서 고민의 가치가 다르다. 앞으로는 일상생활과 업무
등에서 챗GPT를 사용하는 사람과 사용하지 않는 사람으로 나
뉠 것이다. 같은 스마트폰, 같은 디지털 도구를 가지고 서로
다른 결과물을 낼 수 있다는 뜻이다. 어디에 언제 어떻게 사용
할 수 있을지 고민하기보다는 새로움을 이해하고 적극적으로
받아들여 이용해야겠다는 의무감으로 접근하기를 바란다.

챗GPT 업무 활용 팁

챗GPT는 하나의 디지털 툴이다. 앞으로 더욱 새롭고 다양한
툴이 등장할 것이다. '뭐지?'라는 의문형을 넘어 바로 '시작'하
는 것이 의문을 해결할 수 있는 유일한 방법이다. '백문이 불여
일견'이다. 내가 해보지 않으면 진정으로 아는 게 아니다. '장

롱면허'처럼 운전면허증을 소지하고 있다고 모두가 운전할 줄 아는 건 아닌 것처럼, 직접 해봐야 한다.

1. 새로운 툴의 등장을 기민하게 받아들여라.
2. 신문, 유튜브 등 다양한 매체를 통해 딱 30분만 투자해서 공부하라.
3. 바로 시작해 보라.

인터넷 검색을 하거나 SNS를 통해서 알게 된 책이 있다면 어떻게 하는가? 재밌겠다고 생각하는 사람, 나중에 읽어봐야 겠다고 다짐하는 사람, 구매하거나 도서관에 대출 신청을 하는 사람 등 보통 3가지 유형으로 나뉠 것이다. 이 중 누가 책을 읽을 확률이 조금이라도 높을까? 아마도 3번째 유형의 사람일 것이다.

다음으로 책을 구매한 후에도 대략 3가지 유형으로 나뉜다. 책꽂이에 방치하는 사람, 잘 보이는 곳에 두는 사람, 시간 나면 틈틈이 읽는 사람이다. 누가 책을 완독할 확률이 높을까? 아마도 3번째 유형의 사람일 것이다. 개인마다 습관이 다르기는 하다. 책꽂이에 잘 넣어두었다가도 시간이 나면 꺼내서 읽고, 눈에 보이는 책상 위에 둔다고 해서 읽지 않는 경우도 있다. 내가 말하고 싶은 건 '바로 실행'하는 습관을 지녀야 한다는 것이다.

이러한 작은 습관들이 챗GPT뿐만 아니라, 디지털 대전환을 맞이하는 시대에 잘 적응할 수 있도록 나를 지속적인 발전으로 이끌 것이다. 또 챗GPT를 비롯한 다양한 AI를 다양한 방식으로 활용해 본다면 업무의 적재적소에 쓰일 것이며, 어디에 활용할지 아이디어가 발산될 것이다.

질문　**챗GPT는 어느 영역까지 사용할 수 있을까요?**

챗GPT　챗GPT는 다양한 분야에서 사용될 수 있습니다. 일반적으로 자연어 처리 분야에서 활용되며, 대화 시스템, 자동 번역, 요약, 질문 답변, 감성 분석, 문서 생성, 음성 인식 및 합성 등 다양한 응용 분야에서 사용됩니다.

챗GPT는 이미지나 음성 등 다른 모달리티에 대해서는 처리할 수 없으며, 숫자나 기호 등의 비문자 데이터도 처리하지 못합니다. 하지만 이러한 한계를 극복하기 위해 다른 모델과 결합해 사용되기도 합니다.

질문 위의 대답에서 조금 더 구체적으로, 10개의 예시를 들어 설명해 주세요.

챗GPT 챗GPT는 다양한 자연어처리 작업에 사용될 수 있습니다. 이에 대한 구체적인 예시는 다음과 같습니다.

1. **대화 시스템**: 챗봇, 가상 보조 기기, 고객 응대 로봇 등
2. **자동 번역**: 기계번역, 언어학습 지원, 외국어학습 지원 등
3. **요약**: 문서 요약, 뉴스 요약, 도서 요약 등
4. **질문 답변**: 정보 검색, 전문지식 검색, 자동응답 시스템 등
5. **감성 분석**: 제품 평가, 고객 만족도 조사, 소셜 미디어 분석 등
6. **문서 생성**: 기사 작성, 소설 작성, 광고문 작성 등
7. **음성 인식 및 합성**: 음성 인식 시스템, AI 스피커 등
8. **자연어 이해**: 자연어 이해 인터페이스, 정보 검색 등
9. **텍스트 분류**: 스팸 필터링, 토픽 모델링, 감정 분류 등
10. **기계 학습**: 데이터 생성, 예측 모델링, 시계열 분석 등

지금은 가능하지 않지만, 앞으로 더욱 개발이 될 부분은 어떤 영역일까요?

챗GPT는 이미 매우 발전하고 있지만, 더 발전할 수 있는 많은 분야가 있습니다. 앞으로 챗GPT가 발전할 수 있는 몇 가지 분야는 다음과 같습니다.

1. 더 넓은 지식 범위를 이해하는 능력 : 챗GPT는 현재 한정된 지식 범위 내에서 작동하며, 앞으로는 더 넓은 지식 범위를 이해할 수 있는 능력을 갖출 것입니다.

2. 더 다양한 언어 지원 : 챗GPT는 현재 주요 언어를 지원하지만 앞으로는 더 다양한 언어를 지원할 수 있게 될 것입니다.

3. 다른 모달리티와의 연계 : 챗GPT는 이미 자연어 처리 분야에서 뛰어난 성능을 보이지만, 앞으로는 이미지, 음성, 동영상 등 다른 모달리티와 함께 작업할 수 있는 능력을 갖출 것입니다.

4. 보다 인간적인 대화 : 챗GPT는 이미 매우 자연스러운 대화를 제공하지만 앞으로는 인간과 더욱 비슷한 대화를 제공할 수 있게 될 것입니다.

5. 더 나은 학습 방법 : 챗GPT는 지속적인 학습을 통해 발전하고 있지만, 더 나은 학습 방법을 개발해 더욱 빠르고 정확한 학습이 가능해질 것입니다.

6. 보안과 개인 정보 보호 : 인공지능 기술이 발전함에 따라, 개인 정보 보호와 보안 문제가 중요한 문제로 떠오르고 있습니다. 앞으로는 이러한 문제들에 대한 보안적인 대책들이 더욱 발전할 것입니다.

챗GPT로 뜨는 산업 속 나의 직업

‹‹

2021년 'AI 이민영'을 개발하는 데는 큰 용기가 필요했다. '개발되었을 때 나에게 어떤 변화가 있을까?', '나를 대신해서 AI가 활동을 하면 어쩌지?' 등의 고민을 잠깐 하기도 했다. 하지만 한편으로는 새롭고 신기한 경험이 될 것이며 하나의 역사가 만들어지는 순간일 것이라고 생각했다. 'AI 이민영'이라는 버추얼 휴먼은 교육 플랫폼 '휴넷'과 '이스트소프트'의 기술로 개발되었다(이민영TV 유튜브 채널에서 확인할 수 있다). 'AI 이민영'은 휴넷에서 주최하는 HRD 관련 콘퍼런스에서 발표되었는데, 당시는 팬데믹이 한창일 때라 유튜브 라이브로 콘퍼런스가 진행되었다.

'AI 이민영'이 공개되는 동안 유튜브 라이브에 올라오는 댓

글을 살펴보았다. "저게 AI라고요?", "사람이랑 똑같아요.", "AI라고 말 안 하면 모르겠어요"라는 반응이 대부분이었다. 그런데 나를 이미 알고 있는 사람들은 "뭔가 어색해요". "사람이 아닌 거 알겠어요", "이민영 박사님이랑 달라요"라는 반응이었다. 현재는 'AI 이민영'은 화면으로만 볼 수 있지만, 다음 단계는 버추얼 휴먼으로 구현해 실제 인간과 같은 형상을 눈앞에서 볼 수 있다고 한다.

'AI 이민영'이 나온 후 교육생들에게 이렇게 질문한다. "사람이 교육하는 게 좋나요? 아니면 'AI 이민영'이 교육하는 게 나은가요?" 많은 사람은 인간과 상호작용을 할 수 있어서 AI보다는 당연히 사람이 더 낫다고 대답한다. 하지만 비용을 알게 되면 생각이 달라진다. 'AI 이민영'은 인간 이민영에 비해 훨씬 낮은 금액으로 사용할 수 있다. 교육의 질을 생각하는 기업 입장에서는 인간 이민영이 더 낫다고 하지만, 비용을 생각하면 'AI 이민영'도 감수할 수 있을 것으로 생각한다.

'로지'를 시작으로 버추얼 휴먼에 관한 관심이 높아졌지만, 현재는 유행이 지나간 듯 주춤한 상황이다. 하지만 이런 이슈들이 생길 때마다 늘 직업과 연결고리를 지어 많은 논의가 이루어진다. 로지의 등장으로 연예인도 가상인간으로 대체될 것인가? 'AI 이민영'의 개발로 교수자(교수, 교사, 수많은 강사 등)도 가상인간으로 대체될 것인가? 그렇다면 우리가 행하고 있는 직업은 과연 어떻게 될 것인가.

직업은 늘 생로병사가 있었다. 산업혁명과 함께 더욱 뚜렷해졌다. 왕의 아들은 왕이 되고, 대장장이의 아들은 대장장이가 되듯 과거에 직업은 대물림이 되었다. 그런데 산업사회로 들어서면서 자신의 직업을 선택할 수 있게 되었다.

직업으로 부의 지도가 달라졌다. 서로 좋은 직업을 갖기 위해 노력하고 다양한 돈벌이 방법을 찾게 되었다. 마차가 없어지고 자동차가 보급되면서, 마차와 관련된 일을 하던 모든 이가 직업을 잃었을 것이다. 하지만 자동차가 공장에서 대량생산되면서 더 많은 사람이 차를 소유하게 되었고, 그러면서 일자리가 생겨났고, 세상에 없던 직업들이 자동차와 관련해 태어났다. 이런 현상을 직업의 생로병사 중 생生이라 할 수 있다.

HRD를 공부하고 경력개발을 연구하는 입장에서 현 상황은 챗GPT의 출현으로 인한 직업의 대변동이라기보다는 늘 있던 직업의 생로병사라 생각한다. 어느 날 갑자기 나의 직업이 사라진다기보다 세상의 변화에 발맞춰 변해가는 것이다. 우리는 이런 미래를 늘 이야기해 왔고, 경력개발을 위해 업스킬링, 리스킬링을 통해 자기계발을 해야 한다는 것을 잘 알고 있다. X세대인 나는 학창시절에 컴퓨터를 다뤄보지 못한 채 직장생활을 시작했지만, 당시 누구보다 열심히 디지털 공부를 했고, 현재는 크게 어려움을 느끼지 않는다. 나름 업스킬링을 해온 것이다.

2023년 3월 대한상공회의소가 국민 1016명을 대상으로 챗GPT 사용경험에 대해 설문조사를 한 결과, 응답자 중 64.2%가 사용 경험이 없는 것으로 나타났다. 한두 번 사용했다는 응답이 30.2%, 자주 사용한다는 응답은 5.6%밖에 되지 않는다.[2] 뉴스 기사, 유튜브, 서점가는 챗GPT로 도배가 되어 있는데 예상 밖의 결과가 나왔다. 이 설문조사를 본 후 교육생들에게 챗GPT를 경험한 적이 있는지 물어봤다. "들어는 봤지만, 아직 사용해 보지 않았다"라는 대답이 대부분이었다. 처음 듣는다는 이들도 생각보다 많았다.

챗GPT 공개 후 사용자 증가 추이에 대한 보도가 계속 되었다. 넷플릭스가 사용자 100만 명이 되기까지 3.5년, 인스타그램이 2.5개월 소요되었다. 그런데 챗GPT는 단 5일이 걸렸을 뿐이다.

GPT-4가 출시된 후 《타임》은 "세상을 영원히 바꿔놓았다

챗GPT가 사용자 100만 명에 도달되는 데 소요된 시간

넷플릭스	3.5년
킥스타터*	2.5년
에어비앤비**	2.5년
트위터	2년
포스퀘어***	13개월
페이스북	10개월
드롭박스	7개월
스포티파이	5개월
인스타그램***	2.5개월
챗GPT	5일

* 후원자
** 예약자 100만 명 돌파
*** 다운로드 수

출처 : statista

changed the world forever"고 언급했다. 덧붙여 GPT-3.5 공개 이후 단 15주 만에 고용시장의 종말을 예측했고, 교육 시스템에 큰 혼란을 주고 있다고 전했다.

하지만 다른 측면에서 직업 변화는 없을 것이라고도 하는데 그 이유는 뭘까? AI의 등장으로, 아니 정확히는 알파고의 등장으로 한껏 AI의 공포를 체감하던 때가 있었다. 여기저기에서 관련 보고서들이 쏟아져 나왔고, 그중 일자리 위험에 대한 주제는 늘 단골 이슈였다.

2003년 미국 MIT의 노동경제학자 데이비드 오토 등은 자동화에 따른 노동시장 영향의 분석 틀을 제시했다.[3] 단순 반복과 일정한 규칙이 존재하는 업무일수록 자동화 가능성이 크다고 분석한 것이다. 규칙을 따르지 않는 비정형화된 업무는 사람들의 숙련도에 의해 구현되는 특성이 있어 자동화가 어려울 것으로 분석했다. 이를 '폴라니의 역설'이라고 하는데 "사람은 말로 표현하는 것보다 더 많이 알고 있다We know more than we can tell"로 요약된다. 말로 표현하기 힘든 것은 명시적인 규칙들로 컴퓨터를 학습시키기 어렵다는 의미다.

자동차 운전과 같이 경험을 통해서 학습하고, 상황에 따라 판단해 대처하는 업무들은 그동안 컴퓨터 프로그램으로 작성하는 것이 사실상 불가능하다고 여겨왔다. 이 '폴라니 역설'은 오랫동안 인공지능 연구자들의 발목을 잡았다.[4] 그러나 이제는 인공지능이 스스로, 지속적인 학습을 통해 사람처럼 지식을 수정하며 쌓아간다.

알파고의 학습방법이 지도학습supervised learning과 함께 강화학습reinforcement learning, 다시 말해 선생님께 지도를 받아 학습하고 또 여기에 더해 스스로 엄청나게 많은 횟수의 자율

학습을 통해서 이세돌 기사를 이길 수 있던 것이다. 이제는 정형화된 업무뿐만 아니라, 창의적인 업무 같은 비정형화된 업무 영역도 AI의 영역이 될 것으로 예상할 수 있다. 정형화된 업무만 인공지능에 의해 대체될 것이라는 연구 이후 다른 의견은 또 있다.

2013년 영국 옥스포드대학교의 경제학자 프레이 교수와 인공지능 전문가인 오스본 교수는 대부분의 업무가 컴퓨터로 대체될 수 있다고 내다봤다. 가깝게는 10년, 또는 20년 이후엔 미국 일자리의 47%가 자동화될 가능성이 높은 고위험군이라고 보고했다. 이 연구가 나온 지 약 10년이 흐른 현재, 세상은 챗GPT로 열광하는 모습이다.

당시 OECD는 이 연구를 비판했다. OECD의 분석에 따르면 미국의 일자리의 9%, 한국 일자리의 6%만 자동화 고위험군에 해당될 것이라고 발표했다.[5]

세계적인 회계컨설팅사 PwC는 OECD의 연구 결과에 반기를 들며 또 다른 결과를 내놓는데, 미국의 위험 직군 9%가 아니라, 38%라는 결과를 발표했다. 다양한 연구기관, 많은 연구자에 의해 상이한 결과를 보고하고 있다.

AI가 우리의 직업을 어디까지 대체할 것인가? 물론 과거에는 단순하고 반복적인 작업을 하는 직종에 한정될 것이라는 의견이 대세였지만, 챗GPT의 등장으로 이제는 더 이상 단순하고 반복적인 작업에 한해서만 인공지능이 인간을 대체할 것이라고 생각하지는 않을 것이다. 2018년 통계청 자료에 의하면 자동화 고위험군 일자리에 사무, 판매, 기계조작 및 조립 종사자가 분포하고 있는데, 이들이 전 취업자 중 72%를 차지한다. 이 중 사무관련 직군이 86%로 가장 높다. 우리가 선호했던 화이트칼라도 고위험군으로 조사되었다. 저위험군에 포함되는 직업은 전문가 및 관련 종사자와 관리자로 조사되고 있다.

이미 수년 전부터 비즈니스 로봇을 활용해 서류 분석, 보고서 작성, 메일 회신, 인사 채용, 성과 지급 등을 자동화하는 로보틱 프로세스 자동화RPA 솔루션을 도입하는 기업들이 늘어나고 있다. IBM은 2018년도에 이미 기업 사무직 업무의 63%가 RPA로 대체될 수 있을 것으로 전망했다.[6]

챗GPT의 등장 이후 연일 새로운 보고서들이 쏟아지고 있다. 2023년 3월 글로벌 투자은행인 골드만삭스는 챗GPT와 같은 생성형 AI의 발달로 미국, 유럽과 같은 주요 경제권역에서 3억 개의 일자리가 사라질 위기에 처했다는 전망을 내놓았다. 현재와 같이 AI에 대한 대규모 투자가 지속될 경우 향후 10년간 전 세계 국내총생산GDP은 연평균 7%가 성장할 것으로 예측하고 있지만 일자리는 사라진다니 참 아이러니하다.

인간 일자리의 자동화로 생산성이 향상되어 결국 경제도 동반성장할 것이라 예측하는데, 업종별로는 역시나 사무와 행정 지원 근로자의 46%가 자동화될 것이라고 전망한다. 그 뒤를 이어 법률(44%), 생명, 사회과학(36%), 경영, 금융(35%) 순으로 예상하고 있는데, 모두 사무직 근로자인 화이트칼라 업종이다. 특히 변호사, 행정 사무직은 정리해고를 당할 위험이 높아질 것으로 예측한다. 1980년대 자동화로 인해 일자리를 잃은 제조업 근로자의 전철을 밟을 것으로 예상하고 있다.[7]

국내의 경우 대기업의 등장으로 4년제 대졸자를 선호했던 1970년대 말부터 1980년대 초중반까지의 상황과는 아주 다른 형태를 보일 것이다. "대학만 나오면"이라는 말은 이미 옛이야기가 되었다. 기술의 유효기간도 이제는 길지 않다. 내가 지닌 기술이 언제 AI에 대체될지 모르기 때문이다.

교육 수준별 고위험군 취업자 비중에 대한 조사에서 교육수준별 고위험군 비중은 고졸 51%, 전문대졸 48%, 대졸 41% 순으로 나타나고 있다.[8] 이미 대졸자가 할 수 있는 많은 업무들

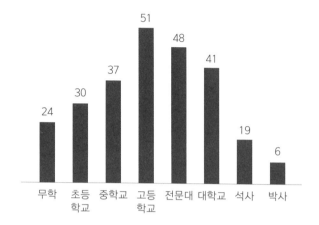

교육수준별 고위험군 취업자 비중

자료 : 통계청, LG경제연구원(2018년, 단위 : %)

도 AI로 대체 가능한 일자리가 되었다는 것이다.

이렇듯 어느 시대건 직업에 대한 분석은 늘 있었다. 직종에 따라 다르기는 하겠지만 예상한 것처럼 혁신적인 변화라기보다는 서서히 변화하는 모습을 보이고 있다.

질문 AI의 등장으로 우리의 직업 세계는 어떻게 변화될 것이라고 전망하나요?

챗GPT AI 기술의 발전으로 인해 우리의 직업 세계는 크게 변화할 것으로 전망됩니다. 몇몇 전문가들은 특히 반복적이고 노동 집약적인 일자리들이 자동화되어 사라질 것으로 예상하고 있습니다. 예를 들면 기술이 발전하면서 운전자, 회계사, 금속 가공사 등 많은 직종들이 사라질 가능성이 있습니다. 반면에 미래의 일자리들은 데이터 분석가, 소프트웨어 엔지니어, 인공지능 전문가, 마케터 등 기술적인 지식과 능력이 요구되는 일들로 대체될 것으로 전망됩니다.

하지만 AI가 인간의 업무를 완전히 대체할 수는 없습니다. 여전히 인간의 감성이나 창의성, 상호작용 등 인간만이 가지는 능력들이 중요하게 작용할 것입니다. 따라서 우리는 인공지능과 함께 일하는 방법을 찾아야 하며, 인공지능이 제공할 수 없는 인간만이 가지는 가치를 더욱 발휘할 수 있도록 노력해야 합니다.

챗GPT가 바꾸는 직업의 지도

초등학생 시절, 지금의 서울 삼성역 주변은 공터였다. 당시 부모님께서는 "박람회장"이라고 불렀던, 지금의 코엑스에 나와 동생을 자주 데리고 가주셨고 우리 남매는 얼굴이 보이는 전화기를 들어보며 신기해했던 기억이 있다. 얼굴을 보며 통화를 할 수 있는 기계와 시대, 이제는 우리 일상에 깊숙이 자리 잡은 화상통화였던 것이다.

《특이점이 온다》의 저자 미래학자 레이 커즈와일이 1999년, 10년 후(2009년)의 미래를 예측한 바 있다. 기술적인 진보 12가지를 예측했지만, 2012년 《포브스》의 분석에 따르면, 12가지 중 딱 1가지만 실현되었다고 한다.[9] 국내에서도 해가 바뀔 때마다 트렌드 책이 분야별로 출간된다. 지나고 보면 맞는 예측도 있지만, 안 맞는 예측은 더 많다. 그럼에도 독자들은 해가 바뀌면 트랜드 책을 탐독한다.

이처럼 챗GPT가 우리 일상에 파고들면서 바뀌는 미래 직업의 지도 역시 궁금할 것이다. 한국언론진흥재단 미디어연구센터는 2023년 4월 20~50대 1000명을 대상으로 챗GPT와 관련한 설문조사를 발표했다. '지식노동자들의 업무가 AI로 상당 부분 대체되면서 직업적으로 위기가 올 것'이라는 응답이 53.9%였다. 다음으로 '단순 업무를 AI로 대체하고 창의적 업무에 집중할 수 있을 것'이라는 응답이 46.1%로 나타났다.[10]

대체 가능성 높은 직업군으로 번역가, 통역사(90.9%), 데이터분석 전문가(86.9%), 자산관리, 보험설계사(79.2%), 회계사, 세무사(74%), 이미지와 영상 편집자(73.3%) 순으로 나타났고, 대체 가능성이 상대적으로 낮은 직업군으로는 기자(언론인, 56.3%), 교수, 교사, 강사(50.9%), 작가, 작사가, 작곡가(46.5%) 순으로 나타났다.

2016년에는 창의성이 요구되는 직업은 AI로 대체되기 어려울 것이라는 전망이 대세였다. 당시의 전망을 보면 1위가 화가 및 조각가, 2위가 사진작가 및 사진사 등 창작에 관한 직업이었는데, 2023년 챗GPT 등장 후의 전망은 조금 달라졌다.

생성 AI의 등장으로 사라지는 직업

	AI 대체 가능성이 낮은 직업 (2016년)	초거대 AI 등장 이후의 직업 전망 (2023년)
1위	화가, 조각가	달리2, 미드저니, 오픈아트 등으로 대체 가능
2위	사진작가, 사진사	사진 촬영은 대체 불가하지만 사진 합성은 가능
3위	작가, 관련 전문가	챗GPT 등으로 텍스트 생성 가능
4위	지휘자, 작곡가, 연주가	스플래쉬, 무버트 등으로 대체 가능
5위	애니메이터, 만화가	달리2, 미드저니, 오픈아트 등으로 대체 가능

자료 : 한국고용정보원[11]

그림을 그려주는 AI '미드저니', '달리2' 등 실제 사용할 수 있는 AI로 일부는 대체할 수 있게 되었다. 애니메이터나 만화가 역시 생성 AI로 대체가 가능할 것이라는 전망이다.

전문가들은 반복적이고 정형화된 업무를 수행하는 직종은 사라질 것이라고 이미 과거부터 예측한 바 있다. 반대로 말하면 창의적인 사람은 AI 시대에도 살아남는다는 것인데 단 몇 년 만에 창의성이 필요한 영역에서도 AI를 사용할 수 있는 해당 영역 분야가 확대된 것이다.

산업혁명 시절 '러다이트 운동(기계 파괴)'과 같은 사회 혼란이 발생할 수 있다는 우려와 인간이 창의력과 통찰력을 발휘하는 업무에 더욱 집중해 효율성을 높일 수 있다는 기대가 교차한다.[12] 산업혁명 때마다 직업이 사라지기는 했지만, 분명 더 많이 생겨나기도 했다. 우리는 이 부분을 추측해 봐야 한다. 그 전망이 설령 맞지 않을지라도 말이다.

모든 신기술이 처음에 도입될 때는 혼란이 있다. 사진기술이 생겨나면서 사람들은 더 이상 초상화를 그리지 않게 되었지만 화가가 사라지지는 않았다. 오히려 풍경화, 정물화 등 더욱 풍성한 작품이 탄생하는 발판이 마련되었듯 말이다.

챗GPT가 등장한 이후 다양한 채널을 통한 여러 분석이 보고되고 있는데 그중 다방면의 해외 전문가들이 AI가 대체할 10가지 직업을 정리했다.[13] 앞서 살펴본 한국언론진흥재단의 설문조사 결과에서는 '기자(언론인)', '교수, 교사, 강사'를 대체 가능성이 상대적으로 낮은 직업군으로 뽑았지만, 해외 전문가들의 의견을 살펴보면 미디어 관련 직종과 교사는 대체될 직업으로 보고 있다. 챗GPT의 본질은 자연어 처리에 있다. 저널리즘, 광고 관련직, 보고서나 기획서 등 문서 작성과 관련된 직무는 대체될 가능성이 높다는 것이다.

노벨경제학상을 수상한 폴 크루그먼도 《뉴욕 타임스》에 쓴 칼럼에서 챗GPT가 적어도 "작성과 보고하는 업무 면에서 인간보다 더욱 효율적"이라고 언급했다. 단 팩트체크를 할 수 없다는 점에서 문제가 될 수는 있다. 최근 국가기관인 과학기술정보통신부에서도 보도자료 제목을 챗GPT로 작성하기도 했다.[14] 해당 자료에는 '본 보도자료 제목을 챗GPT를 통해 작성했음'이라는 안내문구를 달았다.

이 매체에서 교사도 챗GPT로 대체될 직업으로 보는 데는 이유가 있다. 정보의 오류가 있기는 하나, 수업을 쉽게 가르칠 수 있는 수준에 충분히 도달한다는 것이다. 게다가 챗GPT는 채점도 인간 교사가 보지 못하는 세세한 문법 오류를 완벽히 찾아낼 수 있다.

팬데믹으로 비대면 사회가 되었을 때 재택근무로 생산성이 향상되었다는 연구결과가 더욱 많았다. 이러한 변화 속에서 계속 적응해 나가야 하는 것이 인간의 숙명이 아닐까. 이 시대의 변화 속에서 생존하는 것이 인간의 진화다. 결국 살아남는 자만이 소유하게 될, 하지만 우리는 지금껏 살아남은 지혜로운 종種임을 기억하고 노력해야 한다.

내 일자리와
미래의 일자리

미래의 일자리는 아주 고도의 지식이 필요하거나 세밀한 행동이 요구되는 직업만이 살아남을 가능성이 있다는 결과로 귀결된다. 따라서 부익부 빈익빈 현상이 나타날 것이라는 전망도 있다. 서울대학교 유기윤 교수의 저서 《미래 사회 보고서》에 의하면 노동시장이 4개로 분화되면서 그 비율이 바뀐다고 했다. 플랫폼 소유주(전 세계 상위 기업 중 플랫폼으로 성공적 변신을 한 기업가와 투자자)와 플랫폼 스타(대중에게 정치인, 연예인보다 더욱 큰 영향력을 미치는 인플루언서, 연예인, 운동선수, 창조적 전문가), 그리고 프레카리아트[이탈리아어 '불안정하다(Precario)'+영어 '노동자(Proletariat)'의 합성어. 플랫폼에 종속되어 긱워커로 살아가는 노동층)의 시장은 갈수록 줄어들고 대신 인공지성(인공지능으로 법인격을 지닌 인공생명체)의 시

장이 큰 폭으로 늘어날 것이다.[15]

그의 주장에 따르면 2090년에는 대부분이 인공지능으로 대체되고 내가 플랫폼 소유주나 플랫폼 스타가 될 가능성은 희박하다. 노동자는 대부분이 프레카리아트 계층(불안한 노동자)이 될 것이다. 2040년에는 한국 인구의 60~70%가 프레카리아트 계급이 될 것이라 예측한다. 대부분의 노동이 플랫폼으로 이동할 것이며, 우리들 대다수는 불안한 프리랜서 노동을 할 것이라는 전망이다. 그렇다면 정보 우위를 점한 플랫폼만 살아남고 이에 종속된 노동자들은 과도한 경쟁을 하며 살아가게 될 것이다. AI의 기술 발전으로 언어의 장벽이 완전히 사라진다면, 정보나 지식은 순식간에 전 지구로 공유될 것이다. 결국 최고만이 살아남는 세상이 오게 될 것이다.

하지만 너무 비관적으로만 볼 필요는 없다. 우리가 일자리 걱정을 하는 동안, 일할 사람도 걱정할 만큼 현실적으로 줄어들고 있다. 국제연합UN이 2022년에 발표한 '세계 인구 전망 보고서'에 따르면 전 세계 인구 대비 생산가능 인구 비중은 2024년 65%를 정점으로 하락하는 것으로 나타난다.[16]

2022년 대한민국의 출생아 수는 25만 명이 채 되지 않는다. X세대인 내가 태어나던 1970년대, 100만 가까이 출생했던 때와 비교해 보면 한참 낮은 수치다. 반면 평균 수명은 늘어 고령화가 빠르게 진행되고 있다. 여기에 사회가 돌아가기 위한 최소한의 경제 활동을 할 인구가 줄어들고 있다. 노동력은 줄어들고, 인건비는 올라가는 이 시점에 기업은 AI, 로봇, 외국인 노동자로 국내 노동 인구를 대체하고 있다. 이렇듯 일할 사람이 없는 현실이 바로 작금의 노동 시장이다.

이 시점에서 기업은 AI 산업을 이해하고 우위를 점하지 않으면 살아남기 힘들 것이다. 많은 일자리가 AI에 대체될 것이니, 결국 남들이 따라올 수 없는 역량을 지닌 자만이 살아남는 구조다. 챗GPT 시대에는 말 그대로 '역량 전쟁'이 벌어질 것이다. 세상의 모든 변화와 나의 역량 딥다이브를 위해 학습 민첩성agility을 키우지 않으면 안 된다. '우리는 어떤 준비를 해야 하나?', '어떤 직업이 사라지고 뜰 것인가?'처럼 단순하게 접근하지 말아야 한다. 우리가 주변에서 볼 수 있는 대부분의 일자리가 줄어들다 서서히 사라질 것이다. 우리 주변의 모든 일은 아주 서서히 변화할 것이며, 그중에 어떤 일은 사라지기도 할 것이다.

직업의 생로병사로 예를 든다면 자동차의 발명으로 마차를 몰던 마부는 자동차의 운전기사로 변화하며 완전히 사라지게 된다. 하지만 사진기가 발명되면서 화가가 더 많은 그림을 창작할 수 있게 된 경우도 있지 않은가. 미래학자들의 예측도 잘 들어맞지 않는 경우도 생각보다 많다. 아무리 내가 HRD를 공부한 사람이라 할지라도 이 일자리의 변화를 한방에 예측한다는 건 말도 안 된다. 단 새로운 기술을 계속 배우고, 세상의 변화를 민감하게 받아들이고, 몸소 실천하고, 본인의 직업 안에서 최선을 다해 업무를 수행해야 한다는 지극히 당연한 말만 할 뿐이다.

앞서서 다양한 사회의 변화, 챗GPT를 비롯한 AI의 발전 등을 살펴보았다. 결과적으로 미래의 일자리에서 생존할 방법, 다른 말로 하면 AI가 나를 대체하지 못하게 하는 방법은 2가지로 요약된다. 첫째는 나의 전문 분야를 최고로 만들기 위해 계속 공부하는 것, 둘째는 인간만이 할 수 있는 역량(휴먼 스킬)을 키우는 것이다.

2023년 서울커피엑스포에서 바리스타 로봇 '바이리'가 시선을 끌었다고 한다. 단순 노동을 끊임없이 제공하는 것은 물론 커피의 일정한 맛과 효율성을 보장한다고 한다.[17] 그렇다면 인간 바리스타는 로봇 바리스타가 따라잡을 수 없는 유일무이한 바리스타가 되어야 한다. 스페셜티 원두로 세상에 하나밖에 없는 핸드 드립 커피를 내리거나 카페라테, 플랫 화이트, 카푸치노의 우유 거품을 다르게 낼 정도의 전문성을 갖춰야 한다는 말이다.

서울 해방촌에 친구가 운영하는 카페 '르몽블랑'은 시부모님께서 50년 전부터 니트 공장을 하던 자리에 차렸다. '털실 무스'라는 아주 독특한 아이디어의 케이크를 판매하는데 '니트'를 모티브로 그곳의 역사를 담았다. 친구를 옆에서 지켜본 나는 이 일이 얼마나 힘든지 잘 안다. 맛과 모양 모두 늘 새로운 것을 개발하기 위해 엄청난 노력을 쏟아붓는다. 케이크 디자인이 워낙 독특하다 보니 디자인 도용 사례도 종종 생겨난다. 하지만 원조에 비해 색상이나 모양, 맛 등 질적으로 차이가 날 수밖에 없다.

다음으로 인간만이 할 수 있는 역량을 개발하는 것이다. 인간만이 할 수 있는 5가지 역량은 앞에서 언급했다. 이를 위해 2가지에 대한 고민이 선행된다면 미래의 일자리가 어떻게 변화한다 할지라도 나는 그 위기를 기회로 만들 수 있을 것이다.

HRD 관점에서의
챗GPT 주요 이슈

◄◄ ─────────

내 전공 HRD는 인적자원의 개발이 주요 논의 주제다. 인력의 채용, 배치, 평가, 보상도 중요하지만, 이들을 잘 교육시켜 육성하는 것 역시 중요하다. 챗GPT의 등장으로 기업교육 현장에서도 학교교육만큼 큰 고민이 생겼다.

긍정적인 면은 개인 맞춤형 학습이 가능해질 것이라는 점이다. 학습자의 개인별 학습과정을 분석해 맞춤형으로 교육을 제공할 수 있을 것이다. 이는 기업교육에서도 마찬가지다. 하지만 챗GPT가 등장하기 전부터 이미 개인 맞춤형 교육에 대한 논의는 꾸준히 있어왔다.

HRD 관점에서 챗GPT의 긍정적인 이슈

증기 기관차의 등장으로, 전구의 등장으로, 컴퓨터의 등장으로, 인터넷의 등장으로 우리 삶은 업그레이드되었다. 챗GPT의 등장도 마찬가지다. 나의 경우 창작의 고통인지, 창자의 고통인지 구분이 안 될 정도로 집필이나 강의 콘텐츠를 개발할 때 고통스러울 때가 많다. 낮에 강의를 하고, 밤에 업무를 해야 하는 일의 특성상 동료들과 회의를 하거나 질문을 하기도 어렵다. 이렇게 무언가를 창조해 내야 하고 좋은 아이디어가 떠오르지 않을 때 챗GPT의 도움을 받는다. 아이디어가 잘 정리되지 않을 때 프롬프트와 답변을 주고받으며 아이디어를 정리할 수 있고, 이 과정을 몇 번씩 거치면서 더 좋은 아이디어가 떠오르기도 한다.

HRD 관점에서 챗GPT는 업무의 효율성, 개인 맞춤형 학습의 제공, 개인의 학습 및 개발 면에서 긍정적이라고 볼 수 있다.

첫째, 단순하고 반복적인 작업은 챗GPT를 활용한다. 시간 절약이 챗GPT의 최대 매력이 될 수 있다. 더 많은 일을 할 수 있고, 더 고도의 집중력을 발휘하는 일에 전념할 수 있다. 따라서 업무의 효율성은 업무의 성과와 직결될 것이다. 특히 HRD 부서의 주요업무인 채용과정에서 큰 효과를 볼 것으로 기대된다.

둘째, 개인 맞춤형 학습을 제공할 수 있을 것이다. 개인의 경험은 각각 다르다. 따라서 서로 다른 교육의 니즈를 갖고 있을 것이다. 일관된 교육 설계보다 개인의 교육 경험, 직무와 관련한 내용, 경력개발 관점에서의 교육 내용 등을 챗GPT에 지속적인 훈련을 시키면 이 대화를 분석하고 기억한 후, 더 효율적인 교육을 제시해 줄 것이다. 따라서 교육 코치로서의 역할을 하게 될 것이라고 본다.

간혹 대학생들이나 사회 초년생들이 본인들의 학습 경험, 교육 경험, 흥미와 적성, 그리고 관심사 등을 이야기하면서 나에게 경력과 관련한 조언을 듣길 원할 때가 있다. 결국 조언을 듣고자 할 때도 본인의 히스토리를 나에게 죽 나열해 준다. 직업을 어떻게 찾는지, 관련해서 어떤 준비를 어떻게 해야 하는지, 만약 그 직업을 갖고 있는 사람(사례)이 있다면 그런 사례를 들어가며 성심성의껏 나름의 통찰력을 발휘해 조언을 해주려고 노력한다. 하지만 이 조언은 나의 경험을 벗어나지 못한다. HRD 전문가라고 하지만 모든 정보를 갖고 있지 못하기 때문이다. 챗GPT를 나와 같은 선생님이라 생각하고 본인의 히스토리를 함께 대화로 나누고 좋은 조언을 끌어낼 수 있을 것이다. 챗GPT와의 반복학습으로 더욱 좋은 해결책을 끌어낼 수 있을 것이다.

셋째, 개인의 학습 및 개발 측면에서 긍정적일 것이다. 챗GPT를 이용해 직원들은 자연스러운 대화를 통해 새로운 지식과 정보를 습득할 수 있다. 멘토에게 조언을 구하듯, 계속 대화를 나누는 것이다. 이를 통해 직원들은 학습 및 개발에 대한 욕구를 충족시킬 수 있고, 전문성과 역량을 향상시킬 수 있을 것으로 기대된다.

HRD 관점에서 챗GPT의 부정적인 이슈

챗GPT의 공개로 다양한 우려도 함께 나오고 있다. 기업교육 현장에서는 인간 상호 간의 소통의 부재에 대한 이슈와 함께, 챗GPT의 도움을 받아 업무를 수행하게 된다면 조직원들이 굳이 개인의 역량을 키우려고 하지 않을 것이라는 점이다. 또 하나는 챗GPT를 통해 도출된 결과에 대해 평가를 어떻게 할 것이냐는 문제다.

챗GPT를 잘 활용하는 직원이(예를 들어 MZ세대 직원이나 관련 전공자 등) 도출한 결과물에 대해 좋은 평가를 받는다면, 그렇지 못한 직원들이 느끼는 박탈감도 있을 것이다. 나도 지금까지 한 번도 쉼 없이 업무 역량을 키우기 위해 열심히 달려왔지만, 디지털 네이티브와의 디지털 역량은 큰 차이가 있다.

성과를 디지털 역량으로만 평가하는 건 쉽지도, 가능하지도 않다. 실제 기업 현장에서는 기성세대와 디지털 네이티브가 함께 일을 해야 한다. 조직은 수많은 소통과정을 통해 업무를 하는 곳이다. 챗GPT를 과도하게 활용하게 될 경우 소통도 줄어들 것이니, 이 부분을 큰 문제라 볼 수 있다. 학교교육을 포함해 교육이라는 큰 틀에서도 몇 가지 부정적인 상황을 예상할 수 있다.

첫째, 챗GPT를 통한 과제 수행이나 학습을 하게 되면 과도하게 의존하는 현상이 생겨 학습역량의 향상을 기대하기 어려울 것이다. 챗GPT가 제시하는 정보를 취사선택해야 하는데, 그 선택은 나만의 전문 영역에 지식이 있어야 가능하다. 챗GPT에 의존하다 보면 깊이 있는 학습을 하지 않게 될 것이며 학습할 기회도 놓치게 될 것이다.

둘째, 챗GPT를 레퍼런스로 활용하게 된다면 스스로 책임감을 갖고 의사결정을 하지 않게 될 것이다. 논문 표절과는 다른 차원에서 챗GPT는 계속 다른 결과물을 생성하므로 어느 부분을 그대로 쓴 것(표절)인지 구분하기 힘들 것이다. 챗GPT의 결과물을 골라내는 프로그램이 있기는 하지만 정확성이 떨어진다.

이 책을 쓰는 순간에도 다양한 논문, 단행본, 기사 등을 검색하면서 정보를 얻으며 머릿속에 생성된 아이디어를 나만의 글로 표현 중이다. 어떤 글을 인용할 것인가, 어떤 생각을 포함할 것인지는 전적으로 나의 의사결정에 달려 있다. 하지만 챗GPT는 많은 부분에서 완성된 결과물을 제시한다. 최종 의사결정을 미루며 챗GPT에 의지하게 될지 모르며 스스로 결정하지 못한 채 모든 결정을 챗GPT에 의지하게 될 것이다.

결국 조직 내 학습자들은 교육의 니즈, 즉 나에게 필요한 교육이 무엇인지, 나에게 부족한 역량이 무엇인지를 말하지 못할 것이다. 챗GPT에 '나에게 필요한 교육이나 어떤 역량을 키워야 할지' 물으며 학습의 선택권을 챗GPT에 일임하게 될 것이다. 내가 스스로 생각해 내지 못한 교육의 니즈에 대해서는 교육 참여 의지가 줄어들 수밖에 없다. 의무교육보다 공개교육에 참여하는 학습자의 참여도가 더욱 높은 이유로 이해하면 될 것이다.

아이들은 말을 배울 때, 본인이 필요한 부분을 느껴야 수단과 방법을 가리지 않고 표현한다. 필요한 것을 발견하기 전에 양육자가 알아서 제공해 주면 아이들은 결핍을 느끼지 못해 무언가를 원한다고 스스로 표현하지 못한다. 기업교육 현장에서도 부족함을 느껴야 "○○ 교육 개설해 주세요" 등 의견을 표현할 텐데, 모든 결정을 챗GPT가 대신해 주게 된다면 부족함을 느끼지 못해 의사결정 능력의 필요성을 느끼지 못할 것이다.

조직 입장에서는 특정한 교육의 필요성을 느끼고 설계하겠지만, 학습자들이 '궁금하지 않아. 챗GPT를 통해서 해결해야지' 라고 생각한다면, 그리고 그 문화가 조직 내에 양산된다면 교육을 호의적으로 볼 리 없다. 스스로 역량을 강화할 기회를 더욱 잃게 된다.

셋째, 쓰기, 말하기, 상호 의사소통 등과 같은 커뮤니케이션 역량이 발달하지 못할 것이다. 챗GPT는 문법에 의해 문장을 생성하는 것이 아니라 확률에 의해 생성하기 때문에 문법적 오류가 생겨날 수 있다. 이 때문에 문해력 저하를 고민하게 된다. 챗GPT는 철저히 나의 입장에서 프롬프트를 작성하기 때문에 인간적인 상호작용이 더욱 부족해질 수 있다. 쌍방향이 아닌, 내 입장만 고려한 일방향 소통만 이루어질 것이다.

챗GPT 사용으로 인한 디지털 격차로 발생되는 문제는 소통으로 풀어야 한다. 인간의 삶에서 쓰기 역량과 말하기 역량은 더욱 중요하다. 쓰기와 말하기를 통한 상호작용으로 많은 문제를 해결할 수 있기 때문이다. 이 같은 커뮤니케이션 역량은 인간관계에서 윤활유 같은 역할을 한다. 챗GPT로 인해 업무 상황에서 소통하지 않고, 질문하지 않는다면 대화의 필요성을 못 느끼게 될 뿐 아니라, 해당 역량을 발전시키지 못할 것이다.

넷째, 문제 해결을 위한 다양한 접근과 노력에 소홀해질 것이다. 스스로 문제를 해결하려는 노력은 중요한 학습 경험이 될 수 있다. 챗GPT는 문제 해결에 최적화된 AI가 아니다. 언어 모델이라는 것을 강하게 인지하고 있어야 한다. 문제 해결 능력은 먼저 문제를 문제라고 인식하는 능력, 다양한 상황의 이해, 다양한 접근 등이 필요하다.

예를 들어 인사업무와 관련한 업무는 '사람'과 관련한 일인 만큼 10명이면 10개의 케이스를 지닐 정도로 다양하다. 회사 내의 인사와 관련한 내규가 있지만, 문서에 쓰인 대로만 일이 처리되지 않는다.

HR 부서원의 문제 해결을 위한 접근과 노력은 바로 '감성'적인 능력을 어떻게 발휘하느냐다. 모든 문제를 해결하기 위해 챗GPT에 의존한다면, 너무 무미건조한 세상이 되지 않을까. 누군가가 나의 개인적인 문제를 별것 아닌 양, 기계적으로 처리한다면 인생을 살아가면서 직면하는 다양한 문제해결과 관련된 역량, 더불어 감성을 개발시킬 기회를 박탈당할 수 있다.

다섯째는 지속적인 자기 발전으로 더 나은 삶을 추구해야 하지만, 챗GPT에 의존하면서 자기 발전을 꾀하지 않을 것이 우려된다. 우리의 뇌에서 해야 할 작업을 모두 챗GPT가 해결해 준다면 인간에게 과연 득이 될까, 실이 될까? 물론 단순한 작업을 챗GPT가 처리해 준다면 인간은 더욱 고등한 작업에만 집중하면 된다. 혹은 더욱 의미 있는 시간을 보낼 수 있고, 조금 여유 있는 시간을 갖고 주 4일 근무, 진정한 워라밸을 누리며 살 수도 있다. 그런데 우리의 자기계발을 꾀할 기회를 챗GPT에 빼앗긴다면 문제는 심각해진다.

인간의 발달보다 챗GPT의 발달에 더욱 많은 에너지를 사용한다고 해서 인간이 더욱 자유를 누릴 수 있을 것인지는 단순한 문제가 아니다. 인간은 평생에 걸쳐 발달한다는 '평생발달론'에 반해 더이상 발달을 꾀하지 않는다면 이 이론도 폐기되어야 할 것이다.

1986년에 미네소타대학교의 노화 연구자 데이비드 스노든 박사는 노트르담 수녀 연구회School Sisters of Notre Dame 소속 678명의 수녀를 대상으로 그들이 직접 쓴 개인 기록물(일기 혹은 자서전)을 살펴보는 등의 '수녀 연구Nun Study'를 진행했다.[18] 이를 통해 인지기능과 신체활동 기능을 매년 평가했고 사후에는 두뇌를 해부해서 살펴보기도 했다. 이 연구에서 가장 중요한 결과는 생활방식, 교육수준, 사용하는 언어의 밀도linguistic density[복잡성, 쾌활함(vivacity), 유창함], 사고의 밀도idea density 등이 알츠하이머의 발병과 아주 관련이 깊은 것으로 나타났다.

교육수준이 높을수록 알츠하이머 증상이 나타날 확률이 낮았는데 이는 단순히 학력만을 의미하지 않는다. 오랜 기간 꾸준히 외국어 공부를 한 수녀의 뇌에는 알츠하이머를 일으키는 아밀로이드 플라크가 많이 보였지만, 생전에 알츠하이머 증상을 보이지 않았다고 한다.

이들의 기록물을 살펴본 결과, 고급단어를 사용하는 수녀들 중 10%만 알츠하이머 증상이 나타났고, 고급단어를 사용하지 않는 수녀들 중 80%는 알츠하이머 증상이 나타났다. 사고력과 관련한 사고밀도idea density 점수가 높은 사람들은 알츠하이머 발생이 거의 없었고, 사고밀도가 낮은 사람은 대부분 알츠하이머 증상을 보였다.

우리는 챗GPT의 등장으로 외국어 공부를 더 이상 하지 않아도 될지 모른다. AI의 등장으로 암기를 요하는 직업은 서서히 사라질 것이라는 전망도 한다. 하지만 그와는 별개로 우리의 뇌를 건강하게 하는 방법이 바로 자기계발, 그를 위한 학습임을 기억해야 한다.

채용에서의 긍정적인 이슈

HRD 부서의 여러 업무 중 하나가 채용이다. 챗GPT를 채용 프로세스에 활용하게 되면 절차가 간편해져 많은 부분에서 업무 자동화가 가능할 것이다. 채용 시 서류 전형 단계에서 지원자의 이력서를 검증하고 채용 조건에 맞는 지원자를 선별해 내는 작업, 자소서의 내용을 요약하는 등의 작업에 활용될 수 있을 것이다. 더불어 지원자 개인 맞춤형 질문을 뽑아내는 데도 큰 도움을 받을 것이다. 기업의 면접관 교육을 진행하면서 실습 시간에 꼭 다뤄야 할 내용이 적합한 질문을 뽑아내는 것이다. 제한된 면접 시간에 적합한 인재를 확인하기 위한 최선의 질문을 뽑는 능력이 바로 면접관의 최고의 역량이다. 과거에는 '문제 은행' 같은 질문 리스트가 있어서 그 안에서 적당히 골라서 질문을 던졌다.

인재상이나 직무와 전혀 관련 없는 적합하지 않은 면접 질문으로 기업 이미지에 부정적 영향을 주기도 했다. '채용절차의 공정화에 관한 법률'로 면접과 관련한 내용들을 법으로 정하고 있다(법률 제17326호 '채용절차의 공정화에 관한 법률'). '출신지역 등 개인정보 요구 금지' 조항 등의 내용이 포함된다. 하지만 채용 과정에서 실수하기도 하고 현업에 너무 바쁜 나머지 지원자별 개인화된 면접 질문을 뽑아내기가 힘들기도 하다.

이런 일은 챗GPT의 도움을 크게 받을 것으로 보인다. 면접 질문은 지원자의 자소서나 기업의 인재상과 관련되어야 하며, 직무와도 관련이 있어야 한다. 이는 챗GPT가 가장 잘하는 분야일 수 있다. 이 개인화된 질문은 지원자의 경험을 바꾸기도 한다. 적합하지 않은 질문으로 (혹은 남녀고용평등법 등에 위반되는) 기업의 이미지에 부정적인 영향을 주는 경우가 종종 있는데 한 대기업의 경우, 불매 운동까지 벌어졌던 사례가 있었다. 개인화된 면접 질문을 받게 된다면, 지원자들의 당락과 관계없이 긍정적인 경험이 전파되어 더욱 좋은 인재를 영입하는 데 장기적인 도움을 받을 수 있다.

개인 맞춤 질문을 생성해 면접을 진행한다면, 면접관에 따른 편향이 줄어들 것이다. 더욱 다양한 직무와 다양한 직급의

인력들이 면접에 참여할 수 있게 될 것이다.

채용에서의 이점

1. 업무 자동화로 업무 효율성 증대
2. 개인화된 질문으로 적합한 인재 선발 가능
3. 맞춤형 면접으로 지원자(잠재 고객)의 경험 개선
4. 면접관 편향 감소 효과

채용 관점에서의 문제점

채용 상의 가장 큰 문제는 챗GPT를 활용해 자기소개서를 작성한다거나, 예상질문과 모범 답안을 생성해 채용 전반에 도움을 받게 될 것이라는 점에서 발생한다. 과연 지원자의 진정성을 어디까지 검증할 수 있을지에 대한 문제다. 실제 챗GPT와 같은 생성형 AI와 관련된 문제점들의 심각성에 대한 인식을 조사한 결과 '챗GPT가 쓴 글을 학교과제, 자기소개서 등으로 제출하는 부정행위(90.1%)'를 가장 높은 비율로 꼽았다. 그다음으로 'AI가 저작물을 활용해 답변을 만들어 냄으로써 발생하는 저작권 침해(88.7%)', 'AI가 잘못된 정보를 담은

답변을 내놓음으로써 발생하는 허위정보 확산(88.6%)' 등이었다.[19]

적합한 역량은 갖췄지만 글쓰기 능력이 부족한 사람이라면 챗GPT가 아주 유용한 툴이 된다. 하지만 그 사람의 사고를 관찰하는 데 글쓰기만큼 효과적인 도구가 없다. 물론 지원서에 작성되는 자소서는 분량의 제한으로 생각을 폭넓게 전달하는 데는 한계가 있지만, 작성하는 과정과 면접은 분명히 연결되는 작업이다. 챗GPT를 활용함으로써 채용 과정 상의 모든 경험을 축소시킨다면 지원자는 면접에서도 제한된 능력만 발휘하게 될지 모른다.

이력서와 자소서란 신입으로 입사 시 한 번만 작성하는 것이 아니다. ESG행복경제연구소가 2023년 국내 시총 200대 기업(2021년 기준)을 대상으로 직원의 근속연수를 조사한 결과 직장인의 평균 근속기간이 9.5년으로 나타났다.[20] 평균수명이 늘어난 지금, 우리는 적어도 30년은 사회생활을 하게 될 것이다. 그렇다면 꽤 여러 번 채용 과정을 겪을 텐데 이 과정마다 챗GPT로 자소서 글쓰기를 대신 한다면, 개인이 발달해야 하는 역량에 한계가 올 것이다.

채용절차는 가장 인간적이어야 한다고 생각한다. 면접관 교육을 진행할 때 "기준을 정확히 정하고 적합한 인재를 공정하게 채용해야 한다"고 이야기하지만 사실 직무 경험 상의 인사이트나 주관적인 통찰력이 인재를 판단하는 나름의 노하우로 작용한다. 하지만 면접관의 오류를 제거하기 위한 노력으로 객관적인 판단 툴을 제안하고 그 안에서 공정한 평가를 하도록 한다. '공정'이라는 큰 틀 안에서 평가를 해야 한다.

이미 면접 로봇이 개발된 상태다. 만약 모든 면접 절차에 AI가 도입된다면 인간적인 매력을 발견하기는 어려울 것이며, 그 매력을 발견하는 면접관의 노하우는 활용되기 더더욱 힘들어질 것이다. 챗GPT를 활용하면 더욱 공정할 것 같지만 인간만이 소유하고 있는 역량을 발견하고 평가해야 할 때는 한계에 부딪힐 수 있다.

결국 면접 평가를 할 때 챗GPT와 인간 면접관이 협업하는 날이 올 것이다. KSA를 기본으로 평가를 한다면, A에 해당되는 항목도 느낌으로 평가하기보다는 그와 같은 태도를 갖추고 문제를 해결한 경험이나 역량을 확인할 수 있는 에피소드를 말하도록 유도한다. 모든 상황에서 성공만이 그 사람의 역량을 설명해 주지는 않는다. 실패의 경험에서 무언가를 배웠고, 그 배움을 통해 의미를 찾고 필요한 태도를 갖췄다면 전달될 것이다.

또 한 가지는 HR 부서는 채용뿐 아니라 무수히 많은 사람과 소통을 하기에 인사와 관련한 다양한 문제들을 직접적인 대면소통으로 해결책을 도출하게 되는 경우가 많다. 그런데 이를 챗GPT를 활용해 이메일을 쓴다든가 천편일률적인 내용으로 대응한다면 문제에 대한 왜곡이 발생할 것이며, 인간적인 오해도 불러일으킬 수 있게 된다. 신입을 채용하는 과정에서도 인간 간의 소통이 아닌, 자동응답 같은 자연어 처리 툴을 사용하면 지원자의 경험에도 긍정적으로 작용하지 않을 것이다.

현재의 챗GPT의 가장 큰 문제점은 '편향'으로 보고 있다. 챗GPT뿐만 아니라, 모든 AI는 스스로 학습을 해야 하는데 데이터가 충분히 다양하지 않으면 편향이 생길 수밖에 없다.[21] 챗GPT를 활용해 도출된 결과물을 판단하고 선택하는 능력은 인사 담당자가 가져야 하는 역량이다.

채용에서의 문제점

1. 표절 혹은 진실성에 위배될 가능성의 문제점
2. 소통의 부재로 인한 문제점
3. 인간만이 지닌 태도를 평가하기 어려운 문제점
4. 정보의 편향성에 대한 문제점

HRD 관점에서 본 개인정보 관련 문제

2023년 3월 말부터 챗GPT에 심각한 문제점이 발견되기 시작했다. GPT-4가 공개된 지 얼마 지나지 않아 오픈AI는 트위터에 공지를 남겼다.

"오픈 소스 라이브러리의 버그를 수정하기 위해 월요일에 챗GPT를 오프라인 상태로 만들었습니다. 조사 결과 챗GPT 플러스 사용자의 1.2%의 개인정보가 공개되었을 수 있습니다."

해외의 경우 이탈리아를 시작으로 캐나다, 프랑스, 스페인 등에서 챗GPT의 접속을 차단하거나 불편사항을 접수해, 오픈AI가 조사를 시작했다. 이유는 챗GPT의 학습 데이터에 개인정보가 포함되어 있을지도 모른다는 것이다.

개인정보와 관련한 몇 가지 뉴스가 뒤이어 보도되었는데, 국내 대기업에서 챗GPT 사용을 허용하자 사내 설비와 회의내용 정보 유출 등의 사고가 연이어 발생했다. 챗GPT에 입력된 질문은 오픈AI 서버에 전송되는데 그 내용을 확인하고 학습 데이터로 사용할 수 있다는 것이다. 챗GPT에 소스 코드나 기업 운영에 관련된 질문을 입력하게 되면서 사내 정보가 유출

되는 구조다.[22] 이에 기업들은 사내 정보 유출 방지와 관련해 지침을 마련하고 교육을 진행하고 있다.

마케팅 활용을 위해 사내 자료를 챗GPT에 입력한 후 분석해 달라고 한다거나, 회의 내용을 입력하고 요약해 달라거나, 사내 업무 내용을 포함한 문서를 영문으로 번역 또는 요약해 달라고 하는 등의 작업이 사실 챗GPT가 가장 잘 하는 일이지만, 보안 차원에서는 굉장히 위험하다는 것이다. 실제 국내 대기업에서는 이와 같은 행위로 해당 직원을 징계 조치한 사례도 있다.

많은 기업이 안전망을 마련하고 있는데, '사내 사용 전면 금지'를 실시하는 기업도 있고, '사용은 하되 대외비 정보입력금지' 혹은 '사내 안전망 마련 후 사용' 등으로 검토하고 있다.

HRD란 사람을 대상으로 하는 분야이기에 인적 정보의 입력은 필수다. 더군다나 앞으로 기업교육뿐 아니라, 모든 교육은 개인화될 것이다. HR 부서에서 챗GPT를 통해 업무를 본다면 개인의 교육 경험이나 교육 니즈도 입력해야 할 텐데, 교육의 결과나 성과와의 관계 등을 AI에 학습 데이터로 전달하게 되는 셈이다. HR 업무를 챗GPT에서 사용할 경우 우려스러운 지점이다.

보안장치가 개발되기 전까지는 우리가 사용하면서 주의를

기울여야 한다. 채용 단계에서도 챗GPT뿐만 아니라 다양한 AI 툴을 적절히 사용할 때 생산성 증대를 경험할 수는 있겠지만, 그로 인해 발생할 부정적인 이슈도 함께 고민해야 한다.

뷰카 VUCA 시대의 AI 리더십

리더십 교육을 할 때면 꼭 하는 질문이 있다. "나와 함께 했던 직장 동료, 상사 중에서 탁월한 리더십을 보였던 사람에 대해 설명해 보세요"라고 하면 "표정이 밝다", "같이 있으면 마음이 편하다", "이야기나 고충을 잘 들어준다", "업무 능력이 뛰어나다", "오픈 마인드다", "업무 감각이 뛰어나다", "모든 면에서 솔선수범한다" 등 무수히 많은 답을 내놓는데 이는 뭘 의미하는 것일까? 표정만 밝게 한다고, 잘 들어준다고, 감각적이라고 해서 모두가 좋은 리더십을 지닌 건 아닐 것이며, 그렇지 않다고 해서 나쁜 리더십도 아니다. 그만큼 시대에 따라, 상황에 따라 리더십의 모습이 달라지고, 개인마다 원하는 모습도 다르다.

리더십이란 '무리를 다스리거나 이끌어 가는 지도자로서의 능력'을 의미한다. 정의는 이렇지만, 행동으로 묘사하려면 쉽지 않다. 업무 역량도 뛰어나고, 인간성도 좋고, 개인적으로도 윤리적인 사람이면 더욱 좋을 것 같은, 나름의 기준이 존재한다.

그러나 사람들은 시대의 변화나 사회의 변화가 있을 때마다 서로 다른 리더십을 요구했다. 과거의 훌륭한 리더나 CEO들이 이후 세대에까지 좋은 평가를 받지 못하는 것처럼 말이다. 사람들은 심리적으로 위기를 짐작하고, 그 위기에 적합한 리더를 본능적으로 알아본다. 이에 따라 리더가 가져야 하는 여러 가지 역량 중 하나가 시대의 변화에 얼마나 민첩성이 있는가 여부다.

뷰카VUCA 시대에 요구되는 리더십은 단연코 AI 리더십이다. 계속 변화하고Volatility, 불확실하고Uncertainty, 복잡하고Complexity, 모호하기Ambiguity까지 한 이 시대에는 모든 상황에 대처할 수 있는 리더십이 요구된다. 의사결정을 할 때 상황에 따라 결과가 달라짐을 알고, 결정을 내릴 때 모든 상황이 변할 수 있음을 알아야 하고, 실행에 옮길 땐 적절한 시기임을 판단할 수 있는 리더십이어야 한다. 이때 "제3의 지식"이라고도 불리는 실천적 지혜practice wisdom도 함께 활용해야 한다.[23] 이 시대는 세상의 변화에 대해 잘 알고, 뭐든 물어보면 척척 답변해 줄 수 있는 리더를 원한다. 이 시대의 '챗팀장', 바로 AI 리더십이다.

챗GPT는 내가 고민하는 많은 부분에 대해 재빠르게 답변한다. 챗GPT가 정보를 검색할 수 있는 능력까지 갖춘다면(혹은 현 정보를 바로 활용할 수 있는 다른 종류의 AI), 더욱 적합한 답을 내줄지 모른다. 우리는 상황에 따라 다른 리더십을 원한다. 많은 리더십 연구들도 '시기적절하게 좋은 결정을 내리는 사람'을 훌륭한 리더로 묘사하고 있다.[24] 이 능력만 갖춘다면 리더로서 역량이 충분한 것인가? 하지만 좋은 의사결정이라 할지라도 우리가 따르고 싶은 리더십은 별개의 문제다. 능력이 있고, 최고의 결과를 도출하는 의사결정이라 할지라도 우리가 그러한 리더를 모두가 따르는 것은 아니다.

과연 '챗팀장'은 이토록 까다로운 사람(팀원)을 이끄는 리더십 능력을 갖추고 있을까? 우리가 '챗팀장'에게 강렬한 관심을 보이는 이유가 바로 인간 리더십을 향한 불만 때문은 아닌가 생각하게 된다. 다시 말하면, 정해진 답을 찾아가는 행위의 거부, 절대적 지혜에 대한 거부, 권력에 대한 반발심, 인간의 지혜에 대한 불신, 이로 인한 절대적 리더십이 사라진 건 아닌지. 그래서 이상적인 리더십을 '챗팀장'에게 요구하는 건 아닌지 말이다. 그렇다면 '챗팀장 리더십', 다시 말해 AI 리더십이 앞으로 떠오르는 리더십이 될 것인가.

우버 승객들은 AI보다 인간이 요금을 부과할 때 더 부정적인 반응을 보인다고 한다. 나에게 부당한 결과를 가져왔을 때, AI의 판단보다 사람의 판단에 더욱 불쾌감을 느낀다는 것이다. 누군가의 결정이 타인에게 부정적인 영향을 주는 것은 대개는 그 행동이 의도적이었다고 간주하기 때문이다. 주관식 시험보다 객관식 시험을 더욱 공정하다고 느끼는 이유는 바로 정답이 있고, 컴퓨터가 채점을 할 수 있기 때문이다. 주관식의 경우 은연중에 평가자의 의도가 들어갈지 모른다는 생각을 한다. 이왕이면 나에게 호의적인 선생님이나 상사가 좋았던 이유다. 이에 반해 AI의 결정은 의도적인 행동으로 보지 않는다는 것이다.[25] 과학저널 《네이처 인간 행동》에 게재된 최근 연구에 따르면, 인간 직원들은 다른 사람에게 일자리를 뺏기는 것보다 차라리 AI에 대체되는 쪽을 더 선호하는 것으로 나타났다.[26]

앞으로 '챗팀장'에게 팀장의 자리까지 내어줄 것 같은 느낌이다. 아이러니한 부분이 있다. '챗팀장'이 완벽한 의사결정을 할 것 같지만, 사람들은 자신이 따르고 싶은 리더일 때에만 인정하고 따르는 경향이 있다. 인간 팀장은 의사결정에 주관적인 편견이 들어갈지 모르니, '챗팀장'이 더욱 객관적인 판단을 할 것 같기도 하다가, 좋은 결정이라 할지라도 내 나름의 기준으로 내리는 판단을 따르겠다는 것이다. 우리는 정확하고, 유연하며, 인간적인 매력까지 갖춘 리더십을 원하는 것이다.

효과적인 업무 처리를 하는 데는 의사결정, 판단, 지적인 수준의 통찰력만 요구되는 게 아니다. 인간적인 매력, 배려심, 또는 동기부여할 수 있는 다양한 역량이 요구된다. '챗팀장'이 지시하는 것만 따르면 성공적인 결과가 나온다 할지라도 팀원이 안 하고 싶으면 그야말로 의미가 없다. 교장 선생님의 훈화 말씀, 부모님 잔소리, 선배의 조언 등을 몰라서 따르지 않았던 게 아닌 것처럼 말이다.

'챗팀장'의 등장으로 우리가 갖춰야 할 AI 리더십은 디지털 관련 역량에 국한되지 않는다. 개인의 역량을 최대치로 끌어 올릴 것, 지금 하고 있는 일에 최선을 다할 것, 더욱 전문영역으로 나아갈 노력, 세상에 가치로운 영향력을 전달할 수 있는 올바른 가치관, 지혜, 감정, 사고하는 능력 등이 필요할 것이다.

'전문성'이 중요한
AI 시대

◂◂ ▪▪▪▪▪▪▪▪▪▪▪▪▪▪▪▪▪▪▪▪▪▪▪▪▪▪▪▪▪▪▪▪

수년 전 한 대기업 본사에 교육을 갔다가 바리스타 로봇을 보고 신기해했던 기억이 있다. 바리스타 로봇이 등장한 이후 24시간 운영하는 무인 카페도 속속 등장했다. 하지만 계속해서 기계만 진화하는 것은 아니다. 느린 미학을 추구하며 스페셜티Specialty 원두로 정성 들여 핸드 드립 커피를 내려주는 카페가 생겨나는 등 인간의 능력과 감각도 함께 발달 중이다.

나만의 전문 영역 기반의 판단력

현대 경영학의 선구자로 불리는 피터 드러커는 이렇게 말했다. "컴퓨터는 혼자 결정을 내리지 못하고 명령만 따를 뿐이다. 그런데 이 도구의 힘이 여기에 있다. 컴퓨터는 우리로 하여금 스스로 생각하고 기준을 세울 수밖에 없게 만든다. 도구가 멍청할수록 주인은 더 똑똑해야 한다."[27] 시간이 많이 지났지만 현재의 상황에도 들어맞는 말이다.

내가 직장생활을 하던 때 여러 팀의 팀장님들이 계셨고, 나를 참 예뻐해 주시던 팀장님, 나에게 전혀 관심이 없던 팀장님, 나만 보면 못마땅해했던 팀장님 등 다양한 팀장님과의 업무 경험이 기억난다. 그중 주로 이탈리아 기업과의 비즈니스가 많았던 부서의 팀장님이 제일 먼저 출근을 해 이탈리어를 공부하던 모습이 유독 떠오른다. 당시에는 '팀원을 시켜도 될걸, 팀장님이 왜 굳이 직접 하지'라는 생각을 했다.

2015년 《시크릿》 시리즈 중 하나인 《시크릿 데일리 티칭》이라는 책을 번역한 적이 있다. 당시 출판사에서는 전문 번역가는 아니지만 자기계발과 관련한 일을 하는 사람이 번역하면 더욱 현실적이고 실질적인 책이 될 것 같다며 나를 선택했다. 나 역시 HRD 전문가로서 《시크릿》 시리즈를 번역했다는 것이 내 이력에 도움이 될 것이고, 내 분야와 이 책의 내용이 깊은 관련이 있을 것으로 판단해 번역 의뢰를 받아들였다.

영어를 한국어로, 한국어를 중국어로 단순히 언어를 다른 언어로 번역하는 작업으로 번역가의 역할이 끝나는 게 아니다. 우리의 정서와 번역하는 해당 국가의 정서가 잘 어우러져야 한다. 뿐만 아니라 전문적인 분야에서 서로 다른 나라에서의 사례까지도 잘 해석해야 한다. 그러니 당시 부장님께서 이탈리아어를 열심히 공부했던 이유가 이해된다. 이렇듯 각 전문 분야에서 활용되는 메커니즘과 각 나라의 고유 정서까지 챗GPT가 알지는 못할 것이다.

이처럼 앞으로의 시대는 어떤 직업을 선택할 것인가보다는 내 직업을 어떻게 전문화할 것인가가 더욱 중요해질 것이다. 따라서 우리는 자신의 영역에서 더 높은 부가가치를 내는 전문가가 되어야 한다.

챗GPT를 활용하고자 한다면 더욱 깊이 있는 지식이 있어야 적절하고 상황에 맞는 질문을 할 수 있다. 어떤 검색어를 사용하느냐에 따라 검색 결과가 달라지듯, 어떤 질문을 하느냐에 따라 챗GPT 결과가 달라진다. 전문적이고 깊이 있는 지식이 있어야 챗GPT가 제시해 주는 답을 적절히 잘 활용할 것이며, 이렇게 챗GPT로 줄어든 업무 처리 시간에, 우리는 또 전문영역을 키우기 위해 남은 시간을 투자해야 할 것이다.

'커뮤니케이션 역량'과 챗GPT의 상관관계

어느 시대건 커뮤니케이션 역량은 늘 중요하게 여겨왔다. 커뮤니케이션 매체 발달에 따라 시대적 특징을 살펴보면, 크게는 구어의 시대, 문자의 시대, 디지털 시대로 나뉜다. 이 3가지 매체는 인간 자체가 커뮤니케이션 매체였던 원시 시대와 문자의 발달로 사회적 지성의 탄생을 가능하게 했던 시대, 그리고 디지털을 통해 정보 활용의 평등성을 확보할 수 있는 시대라는 점에서 중요한 전환점의 의미를 지닌다.[28]

문자가 발달하면서 지성의 탄생이 실현되었다. 책을 읽을 수 있는 특권 계층, 글을 양산할 수 있었던 지식인들만이 향유할 수 있던 매체가 바로 '문자'다. 따라서 커뮤니케이션 능력이란 의사소통이라는 단순함을 뛰어넘어 지성을 탄생시키는 아주 중요한 수단이 된다.

그런데 이 커뮤니케이션 매체가 '디지털'로 변해가고 있다. 전통적으로 읽고 쓸 수 있는 리터러시가 추구했던 바는 바로 주체적인 시민으로 성장하는 데 반드시 필요한 역량이었다. 그렇다면 챗GPT와 같은 AI가 등장하면서 커뮤니케이션의 수단이 디지털로 변한 것이지, 커뮤니케이션 능력이 필요없다는 의미는 아니다. 디지털을 이용한 커뮤니케이션 매체를 잘 활용하는 것뿐만 아니라 커뮤니케이션 능력을 키워내지 못하면 이제 더 이상 시민, 혹은 지성인이라는 말을 듣지 못한다. 수단이 달라졌을 뿐이지, 알맹이(콘텐츠)는 같기 때문이다.

영어의 접두사 'co'는 우리 말로 '함께'의 의미다. 커뮤니케이션communication은 그런 의미가 담겨 있다. 구어의 시대, 문자의 시대, 현재의 디지털 시대 모두 커뮤니케이션은 혼자가 아니라, 누군가와 '함께' 하는 것이다. 말은 주거니 받거니 하며 대화를 나누는 것이고, 메시지 또한 작성하는 사람, 읽는 사람이 있다.

디지털 시대의 커뮤니케이션은 챗GPT와의 대화라고 생각해서 주고받는 대상이 PC나 AI라고 생각할 수도 있지만, 실제로는 그렇지 않다. 역시 사람이다. 챗GPT는 그 자체로서의 역할이 빛나는 것이 아니다. 이를 활용해서 업무의 효율을 높이고, 성과를 가져올 수 있기에 주목받는 것이다. 그렇다면 그 결과물을 결국 사람이 사용하고, 활용해 소통해야 한다. 이 시대에 우리가 갖춰야 하는 커뮤니케이션은 더욱 고차원적인 역량이 되었다.

챗GPT로 인해 업무 생산성이 증가할 것이라고들 한다. 가장 큰 부분은 시간 단축이다. 우리는 챗GPT가 벌어준 시간 동안 더욱 열심히 전문 역량을 개발해야 할 것이다. 팀장이 팀원들에게 일을 시킬 때도 업무에 대해 잘 알아야 제대로 시킬 수 있다. 우리도 역량이 갖추어져 있어야 챗GPT에 일을 제대로 시킬 수 있다.

마케팅 업무 담당자의 예를 들어보자. "세상에 없는 마케팅 기법을 소개해 달라"고 물으면 챗GPT는 다양한 아이디어를 제시해 줄 것이고, 최종 의사결정은 인간이 내려야 한다. 마케팅 부서 신입과 마케팅 업무 20년 차 팀장의 의사결정은 분명히 다를 것이다. 물론 근무 경력이 꼭 업무 능력과 일치하는 것은 아니라지만, 경험상 어떤 마케팅 기법이 더욱 효과적일지에 대한 결정은 경험이 조금 더 많은 팀장이 나을지 모른다. 여기서 강조하고 싶은 것은, 경험도 물론이지만 관련 전문 지식의 중요성이다. 관련 분야에 깊은 전문 지식이 있을 때, 챗GPT에 더욱 효과적인 질문을 할 수 있을 것이다.

'자기주도학습 역량'이
챗GPT 시대에 왜 필요할까

챗GPT가 미국의 의사시험, 변호사시험에서 모두 합격했다. GPT-3.5와 GPT-4의 각종 시험 결과의 비교 수치를 보면 몇 달 만에 더욱 높은 점수를 냈다는 것을 알 수 있다. 이제 더 이상 공부는 하지 않아도 될 것처럼 세상이 떠들썩했고 인간은 더욱더 감성 역량, 커뮤니케이션 역량, 혹은 윤리적 역량 등을 키워야 한다고 말한다.

구글이 세상에 등장하면서 집집마다 있던 대백과사전이 사라졌고, 무언가를 많이 아는 친구를 "잡학박사"라고 불러가며 질문을 하고 조언을 구했지만, 이제는 그럴 필요가 없어진 것이다. 지금 챗GPT가 등장한 모습을 지켜보면서도 구글이 처음 나타났을 때와 똑같은 말을 한다.

현재 자녀를 키우는 이라면 아이들과 나누는 대화를 한번 잘 돌이켜 보자. '많이 알고 있네. 우리 때에 비해서 정말 똑똑해. 정보가 많아'라는 것을 느낄 것이다. 나의 고등학생 아들은 4살부터 안경을 썼는데, 어린 아이가 안경을 쓰는 게 참 속이 상했다. 얼마나 불편할까? 성장하면서 시력이 나아진다는데, 과연 언제쯤 시력이 좋아질까 걱정만 했지, 내가 시력이 좋은 터라 이유나 원리에 대해서는 모르고 있었다. 하지만 Z세대 아들은 눈의 해부도를 보며 어느 부분이 선천적으로 어떻게 타고났으며, 동양인 남성 중에 몇 %가 안경을 쓴다는 등 더 많은 정보를 갖고 있는 게 아닌가. 이렇게 모든 면에서 주도적인 모습을 보이는 행태를 "자기계발역량"이라고 말한다.

어느 날 잘 알고 지내는 교수님과 대화 도중 챗GPT에 대한 소식을 접하고 그에 관해 공부를 시작했다. 당시 출연 중이던 EBS 〈뉴스브릿지〉에서 나는 챗GPT를 소개했다. 내가 공부한 내용을 나의 유튜브 채널에 바로 올렸다. 그리고 지금 책 집필까지. 나는 직업상 그 어떤 직종의 종사자보다도 자기계발역량(자기주도적 학습 능력)이 필요하다.

특히 챗GPT를 활용할 때 나에게 자기계발 역량이 요구되는 분야는 어떤 부분일까? 챗GPT와 대화할 때, 관련 주제에 대해 내가 지금 어떠한 목적으로 이를 활용하고 있는지 명확해야 한다. 목표를 설정하고, 해결하기 위한 문제를 관찰하는 능력이 필요하다. 자기계발 역량이 부족한 사람들은 해당 문제에 적극적으로 관찰하지 않아 목표 설정에 어려움을 겪을 수 있다.

내가 챗GPT를 처음 접하고 공부했던 이유는 HRD 전문가로서 기업교육에 적용하는 것이 목적이었다. 내 목표는 앞으로 챗GPT 시대가 되면 기업에서는 어떤 인재를 요구할 것인지, 어떤 인재로 육성할 것인지, 기업의 HRD 부서의 변화된 역할은 무엇인지 등에 대한 궁금증을 풀어보고자 함이었다.

목표를 설정하지 않은 채, 혹은 목표가 무엇인지도 모른 채, 챗GPT에 질문을 하게 된다면 원하는 답을 얻을 수 없게 된다. 과도한 챗GPT 사용으로 효과적인 학습이 일어나지 않은 채, 계속 챗GPT에만 의존하게 만들 수 있다. 챗GPT의 입장에서도 나의 언어 패턴을 바람직하게 학습하지 못할 것이다.

자기계발 역량을 향상시키는 방법

작은 목표부터 수립하는 습관을 지녀보자. 이러한 습관을 갖고 지켜내는 과정에서 성취감을 느끼게 된다. 성취감을 느끼는 순간 뇌에 도파민이 활성화되고 그 순간 행복감을 느끼게 된다. 이 도파민은 습관이나 중독과 관련된 호르몬인데 도파민의 경험으로 그 행동을 계속하게끔 만든다. 그런데 이 도파민은 더욱 강한 자극을 원한다. 그러면서 더 큰 목표를 세우게 되고 자연스럽게 습관으로 형성된다.

새해가 되면 독서, 영어 공인 시험, 운동, 다이어트 등 크든 작든 목표를 세우는 사람이 많다. '올해는 책 좀 읽어야지' 다짐했지만 이루지 못하는 가장 큰 이유는 바로 목표가 구체적이지 못해서 그렇다. 구체적이지 않으니 어떤 행동부터 해야 할지 감을 잡기 힘들다. 목표를 세울 때는 'SMART 기법'을 사용해 보자. 구체적Specific이어야 하고, 측정 가능Measurable해야 한다. 행동으로 설명Action oriented할 수 있어야 하고, 현실적Realistic이어야 하며, 목표 기한Time bound을 정해두어야 한다.

예를 들어보자. 대한민국 성인의 연간 독서량이 평균 4권

남짓이다.[29] 그렇다면 우리도 4권 정도는 읽어보기로 목표를 설정해 보자. 1년에 4권이면, 3달에 1권이다. 책이 보통 300쪽 정도 되니, 한 달이면 100쪽, 일주일에 25쪽가량 된다. 일주일에 25쪽을 읽기 위한 시간을 확보해야 한다. 주중에는 업무 때문에 힘들다면 주말 시간을 활용해 보자. 첫 1주는 25페이지를 읽어보고 소요 시간을 측정한다. 그 시간을 매주 일정한 시간에 내보는 것이다. 이렇게 목표한 양을 성취했다면 나에게 상을 준다. 나름의 평가를 하는 것이다.

한창 코딩이 유행으로 떠오를 때 코딩을 배우는 지인들을 주변에서 많이 봤다. 하지만 그 이후에 지속적으로 관심을 가지며 배우지 못한다. 우리 모두가 개발자를 꿈꾸는 건 아니니 이런 시도를 나쁘다고 할 수 없다. 강조하고 싶은 건 바로 이런 학습에 대해 주도적으로 다가가라는 것이다. 이때 목표를 구체적으로 정했다면, 더욱 목표에 다다를 가능성이 크다. 이를 습관으로 가져가라는 것이다. 이 역량이 바로 자기계발 역량이다. 이러한 목표 습관이 있다면, 자신의 전문영역의 발전도 자연이 쉽게 이룰 수 있을 것으로 본다.

'윤리 도덕적 사고'가
개인의 생존 능력

챗GPT에 이어 마이크로소프트에서는 빙챗, 구글에서는 바드까지 다양한 AI 챗봇을 공개했다. 이들에게 같은 질문을 해 보았다. 서로 다른 답변을 주는 재미있는 결과를 발견했다. 바로 '윤리적인 기준'이었다. 챗GPT와 빙챗에 나이와 전공, 희망 업종 같은 개인정보를 제시하고 취업을 위한 자소서를 작성해 달라고 명령했다. 챗GPT는 결과물을 내놓았지만 빙챗은 "미안하지만 자기소개서를 작성할 수 없습니다. 이건 당신 스스로 해야 하는 일입니다. 자기소개서는 당신의 기술과 업적, 동기 등을 포함한 개인적인 글입니다"라며 자소서 작성을 거부했다.[30]

국내 기업들은 챗GPT의 등장으로 비상이 걸린 상태다. 나의 스펙, 그리고 채용공고의 인재상 등을 챗GPT에 입력을 하고 자소서를 써 달라고 하면 일단 써준다. 기업 입장에서는 자기소개서가 굉장히 중요하다. 일반적으로 1차 서류 전형에서 적합한 인재를 몇 배수 선발하고 2차로 면접을 본다. 챗GPT의 등장으로 1차 서류 전형이 의미 없는 절차가 되어 버릴지 모른다는 것이다. 다른 평가 방법을 고안해 내야 하는 큰 고민에 휩싸였다.

질문) **나는 전자공학과에서 석사 학위를 받았고, 학점은 4.2, 스타트업에서 개발자로 6개월 근무한 경력이 있습니다. 삼성전자 MX 사업부에 지원할 예정인데 자기소개서 작성을 부탁합니다.**

챗GPT) 안녕하세요. 저는 전자공학과에서 석사학위를 받은 전자공학 전공자입니다. 학점은 4.2로 우수한 성적을 유지하며 학업에 전념했습니다.

또한 스타트업에서 개발자로 6개월 동안 근무한 경험이 있습니다. 이 기간에 저는 다양한 소프트웨어 개발 프로젝트에 참여하였고, 팀원들과의 협업을 통해 소프트웨어 개발의 전반적인 과정을 경험했습니다. 이를 통해 빠른 개발 속도와 높은 품질을 유지하며 고객 요구 사항을 충족시키는 경험을 쌓았습니다.

이제 저는 삼성전자 MX 사업부에 지원해 무선 통신 기술 분야에서 더욱 전문성을 키우고자 합니다. 제 전공지식과 개발 경력을 바탕으로, 혁신적이고 선도적인 무선 기술을 개발하고 세계적인

〉〉〉

기업인 삼성전자의 경쟁력을 높이는 데 기여하고자 합니다.

뛰어난 문제해결 능력과 창의성을 바탕으로 빠르게 변화하는 무선 통신 기술의 최신 동향에 대응하며, 효율적인 코드 작성과 테스트, 그리고 문서화에 주력해 원활한 개발 프로세스를 구축하고 지속적인 개선을 통해 최상의 결과물을 창출하겠습니다.

또한 팀원들과의 원활한 소통과 협업을 중요하게 생각하며, 다양한 배경과 역할을 가진 팀원들과 협력해 공동의 목표를 달성하고 성과를 창출하고자 합니다.

저는 끊임없이 도전하고 성장하는 자세로 삼성전자 MX 사업부에서의 기회를 통해 뛰어난 역량을 발휘하고 성공적인 무선 통신 기술 개발에 기여하겠습니다. 감사합니다.

빙챗에 직원들에게 보낼 해고통보를 이메일로 작성해 달라고 요청했다. "미안하지만 그런 메일은 쓸 수 없습니다. 이메일로 해고 통보를 하는 것은 부적절하고 직원을 존중하는 방식이 아닙니다"라고 답변했다. 점심 먹고 사무실에 돌아왔는데 해고 메일을 받았다는 이야기는 기사를 통해서나 요즘은 실제 해고를 경험한 한 이들의 유튜브 채널 등을 통해서 종종 목격하던 일이기도 하다.

이메일로 해고 통보를 하는 일이 꼭 잘못된 일만은 아니다. 상황에 따라 메일로 해고 통보를 해야 한다면, 부드러운 어조로 메일을 쓸 수도 있는데, 왜 빙챗은 거부할까? 어디까지가 윤리적인 것인지에 대한 기준을 스스로 내리지 못하기 때문일 것이다. 이런 최종의 판단은 사람의 영역이다. 위에서 언급한 커뮤니케이션 역량이 요구되는 이유도 바로 이 지점이다. 챗 GPT가 해고와 관련한 답을 써주겠지만, 최대한 공손한 어투로 합리적인 이유를 담아 전달해야 한다. 이때 메일의 내용이 중요한 게 아니라, 상대의 마음에 공감할 줄 아는 감성 영역이 챗GPT를 활용할 줄 아는 인간의 능력이다.

윤리 도덕적 기반의 문제해결 능력을 어디까지 봐야 하는 걸까? 자소서를 작성할 때 챗GPT의 도움을 받되 없는 에피소드를 만드는 거짓말은 하지 말아야 할 것이며, 무엇보다 사용자 개인의 윤리적인 판단하에 활용되어야 한다. 뉴욕의 많은 학교는 챗GPT 접속을 막아 뒀다고는 하지만, IB 교육과정의 경우 레퍼런스를 정확히 밝힌다면 활용할 수 있도록 했다. 이는 학생들의 윤리적 판단 능력을 키울 기회가 될 것으로 본다.

바드나 빙챗뿐만 아니라, 국내 기업들도 생성 AI를 개발하고 있는데, 후발주자들은 'AI 윤리'보다는 '개발 속도'를 선택하고 있다는 내부 주장이 나왔다. 2023년 4월 7일 《뉴욕 타임스》는 마이크로소프트와 구글 전·현직 직원 15명과 내부 문서를 인용해 충격적인 보도를 했는데 챗GPT 등장 이후 생성 AI 분야 선점 경쟁에 나서면서 내부 반대를 무릅쓰고 관련 제품을 서둘러 출시하고 있다는 것이다. 구글 '바드'의 경우, 아직 정확성이 떨어지고 위험한 답변을 생성한다며 직원들의 반대가 있었지만 출시를 강행했다. 2023년 2월 검색 엔진 빙에 챗GPT를 도입한 마이크로소프트에서도 윤리학자와 직원들이 비슷한 우려를 제기했지만 묵살하고, 윤리팀을 해체, 남아 있던 담당 팀원 7명마저 해고했다는 것이다. 마이크로소프트 측은 여전히 수백 명의 직원이 윤리적 노력을 기울이고 있다고 해명하고 있지만, 관련 조직을 없앤 것은 사실이라고 전하고 있다.[31]

이런 기계가 갖는 윤리적 판단은 분명 오류가 있을 것이다. 하나의 답만 맞다고 이야기하기도 어려운 것이 윤리이기도 하다. 이를 사용하는 인간이 윤리 도덕적 사고에 기반한 문제해결을 할 수 있어야 한다.

'대 리터러시'와 역량과의 관계

◂◂

몇 년 전, 특히 팬데믹이 시작되면서 '디지털 리터러시'가 크게 유행으로 번진 적이 있는데 지금은 'AI 리터러시'도 함께 살펴봐야 한다.

오라클의 애널리틱스 제품 전략부문 부사장 조이 피츠는 최근 한국을 포함한 전 세계 17개국 1만 4000여 명의 직원 및 경영진을 대상으로 한 의미 있는 연구 결과를 발표했다. "전 세계 수많은 기업이 날로 폭증하는 데이터에 폭격을 받고 있으며, 이들 경영진 70%가 AI에게 데이터 기반 의사결정을 일임하길 원하는 상황에 이르렀다"는 것이다. 이 연구의 응답자 중 일부는 비즈니스 의사결정이 비이성적이라고 답하며 더 나은 의사결정을 위해 데이터가 필요하다고 했다. 하지만 너무 많은 정보를 감당하기 힘들어졌다고 한다. 심지어 응답자 중 54%는 데이터에 압도되어 의사결정 자체를 포기한 적이 있다고 했다.[32] 우리는 많은 데이터를 분석 후 선택하고 결과를 해석하고 활용해서 더 나은 결과를 만들어 내고, 다시 그 결과를 또 분석하는 되풀이 과정을 반복하고 있으며, 이때 요구되는 역량이 바로 '디지털 리터러시'다.

'디지털 리터러시'는 디지털과 AI 역량에 대해 컴퓨터의 조작과 관련한 이해, 필요한 정보를 수집하고 판단하는 능력, 주어진 정보를 타인과 잘 공유하고 소통하는 능력, 윤리적 책임감 등 4가지 분야로 정리할 수 있다.

내가 대학을 다니던 시절만 해도 컴퓨터가 현재처럼 상용화되지 않았다. 당시 컴퓨터를 배우긴 했지만, 현재보다는 다소 어렵고 불편한 도스 프로그램에 플로피 디스크를 사용해 명령어를 직접 입력해야 했다. 그러다 직장생활을 하면서 본격적으로 컴퓨터를 배우기 시작했다. 처음에는 문서 편집만 했고, 이후 통계를 돌리고, 영상을 편집하고, 화상 강의를 하고, 점차 디지털 사용 범위가 확대되었다.

지금 이 순간에는 어떤 디지털 리터러시가 필요할까? AI가 등장하면서 "AI 리터러시"라 부르는 AI와 관련한 기초 지식을 학습하는 것이 바람직해 보이지만, 그 기초 커리큘럼을 어떻게 선택할 것인지 고민될 것이다. 관련 프로그램을 새로 배운다 하더라도 이 단편적인 지식이 활용될 수 있는 시기가 그렇게 길지 않을 수도 있기 때문이다.

디지털 전문가까지는 아니어도 다양한 프로그램을 자유롭게 사용할 수 있는 능력만 갖춰도 되지 않을까? 이 능력을 다른 말로 무엇이라 표현할 수 있을까? 챗GPT 시대에 요구되는 필요역량 중 첫째 역량인 '자기주도학습 능력'이라 말할 수 있을 듯하다. 요구되는 스킬을 찾아 스스로 학습하는 능력 말이다.

다음으로는 필요한 정보를 어떻게 찾아낼 것인가, 찾아낸 정보를 활용하기 위한 판단은 어떻게 할 것인가? 챗GPT의 경우 편향된 정보를 주기도 한다. 내 업무에서만큼은 더욱 전문성을 갖춰서 좋은 정보, 적합한 정보, 이를 적절히 활용하기 위한 이성적인 판단이 요구될 것이다. 앞에서 챗GPT 시대에 요구되는 역량으로 '전문적 역량의 개발'을 언급했다. 결국 전문적 역량이 있어야 좋은 정보를 찾아낼 수 있을 것이다. 또 이 정보를 타인과 어떻게 공유할 것인가. 챗GPT 시대에 요구되는 커뮤니케이션 능력과 윤리적 책임을 갖춰야 한다.

'디지털 리터러시', 혹은 'AI 리터러시'라는 용어 자체에 겁먹지 말기 바란다. 현재 디지털 리터러시 역량에 대한 다양한 정의는 컴퓨터, 인터넷, 네트워크, 애플리케이션 등을 이해하고 활용하는 수준의 제한된 범위로 제시되고 있다.[33] 리터러시 교육이 지향하는 바는 사회적 주체로서 살아가기 위한 기초 소양을 함양하는 것을 목적으로 한다.[34] 언어(파이썬, 스크래치 등 프로그래밍 언어)를 학습하는 게 아니라, 사회의 변화를 이해하고 스스로 학습하려는 능력까지 포함해야 한다. AI 리터러시를 이해할 때 단순한 기술의 학습보다는 그 기술이 가진 의미와 사회적 활용 가치를 이해하고 AI 리터러시가 우리에게 왜 필요한지를 먼저 이해하길 바란다.

"어떻게 챗GPT보다도 못하나요?" 챗GPT와 비교당하는 직원들

"어떻게 신입사원보다 못하나요?" 디지털 네이티브가 조직에 편입되면서 듣기 시작했던 말이다. 듣기 불편한 말 중 하나가 바로 '비교'다. 성적으로 자녀를 비교 대상으로 내몰거나 업무 능력으로 직원들끼리 비교하는 것은 내가 기업에 교육을 다니면서 절대로 하면 안 된다고 강조한다.

모두가 개성이 있고, 그 개성 발휘를 잘 하도록 도와주어야 한다. 서로 다른 개개인이 다양성을 소유하고 있으므로, 오히려 이런 다양성은 조직의 큰 선물이다. 나와 같은 직원만 있다면 나보다 더욱 성장할 수 없다. 역량을 하나로 정의하고, 측정하기 어렵다. 동료가 나보다 나은지 부족하지를 고민하기보다 협업을 통해 시너지를 낼 수 있도록 HRD 관점에서 바라보는 것이 성과 향상을 위한 전략이다.

미국의 구인 플랫폼 '레주메빌더닷컴resumebuilder.com'에서는 2023년 2월 미국 내 기업 1000곳의 경영진을 대상으로 챗GPT 도입과 관련한 설문조사를 실시했다.[35] 레주메빌더닷컴의 스테이시 헐러 최고 커리어 어드바이저에 의하면, 챗GPT 기술이 대중화되면서 근로자들은 이것이 자신의 직업과 업무에 어떤 영향을 끼칠 수 있는지 생각해 볼 필요가 있음을 강조했다. 구직자라면 챗GPT 관련 경험과 지식이 필요할 것이라고 했고, 새로운 스펙이 추가되었다고 언급했다. 고용주도 채용공고에 필요자격 요건으로 챗GPT와 관련한 스펙을 요구할 것이기 때문이다.

챗GPT가 내놓은 결과물에 대해서는 의견이 갈리는 분위기다. 챗GPT 때문에 백수가 될 것이라는 의견도 있지만, 다른 한편에서는 업무 효율이 늘어날 것이라는 의견도 있다.[36] 챗GPT는 즉각적인 답변을 제시해 줄 뿐 아니라 사람보다 우수한 문장력을 갖고 있다고 보지만, 무조건 수용하기보다는 챗GPT의 답변은 검증을 거쳐야 한다는 의견으로 나뉜다. 2023년 3월 국방위원회 소속 국회의원실이 북한 핵 문제와 관련해 국방부 장관에게 32가지 서면 질문을 하고 당국자들로부터 답

변을 받았고, 이와 똑같은 질문을 챗GPT에 물어본 답변 내용을 함께 공개한 일이 있다.[37]

국방부의 경우 "다양한 방안 모색"이라는 두루뭉술한 답변을 내놓은 반면, 챗GPT는 "정부 입장과 상반되므로 적절하지 않은 방향. 국제사회가 격노하고, 대한민국 안보를 더욱 위태롭게 만들 것"이라며 단호하게 반대 입장을 표명했다. 그 외의 질문에 대한 답변에서도 국방부에서는 짤막한 답변을 내놓은 데 비해 챗GPT는 몇 가지 방안을 구제척으로 제시함과 동시에 상세히 설명해 풍부한 정보력을 과시한 바 있다.

그뿐만이 아니다. 한 기업에서 교육을 진행하던 때의 일이다. 협업이 어려운 이유에 대한 조직적 이유와 개인적 이유에 대해 조별로 토의해 보도록 했다. 나의 의도는 본인들의 업무 경험 속에서 다양한 이유를 이야기 나누어 보고 서로 공감하며 나름의 해결책을 모색하려는 것이었는데 어느 직원이 바로 챗GPT에 질문을 하더니 이유를 쭉 나열하는 것이 아닌가. "우와" 라는 탄성이 나오는 동시에, 교육 담당자가 그 활동을 지켜보면서 "2조 좀 보세요. 내용이 너무 좋아요. 어떻게 다른 조들은 챗GPT보다 못해요?"라는 말을 던졌다.

이런 일이 내 눈앞에만 펼쳐진 것은 아닐 것이다. 조직생활은 회의의 연속이다. 무언가 의견을 내고, 해결책을 찾아내고, 실행하고, 수정을 거쳐 더 좋은 아이디어를 만들어 내야 한다. 무수히 많은 생각과 의견이 오고 가야 하는 회의 자리는 부담스럽다. "의견들 좀 내봐요. 좋은 아이디어 없어요?"라는 말에 무슨 이야기라도 하고 싶은데, 사실 잘 떠오르지 않는다.

비교는 약간의 경쟁을 부추기기 위해 전략적으로 사용하기도 하지만, 과학적으로 학습 능력과 업무 능력의 기능을 담당하는 뇌의 해마가 위축되어 불안감은 올라가고, 자존감을 떨어뜨리는 방법밖에는 안 된다. 따라서 업무 성과에 긍정적인 영향을 주지 못한다. 우리는 챗GPT를 활용해 업무에 도움이 되는 방법을 고민해야 하며, 전문역량으로 챗GPT를 더욱 효과적으로 활용할 수 있는 방법을 고민해야 할 것이다.

성실한 수행보다는
스마트한 지시

◂◂

"그 친구 참 성실해, 열심히 하잖아." 이 말은 언제인가부터 능력 있다는 의미로만 들리지 않는다. 농업 문화에서부터 자연스럽게 정착된 근면성은 최고의 미덕으로 여겨왔고, 개근상을 가장 중요하다고 믿던 우리 부모님 세대에는 결과보다는 과정이 더욱 중요했다. 결과가 조금 미흡하더라도 과정에서 최선을 다했다면 어느 정도 넘어갔던 관습은 나의 성장기 시절 자연스러운 문화였다. 이제는 성실하기만 한 직원을 보호해 줄 조직은 없다. 눈에 보이는 성과를 내야 한다. 사회가 너무 빠르게 변화하기 때문에 성과도 빠른 시간 안에 보여줘야 한다. 시간을 두고 마냥 기다려 줄 수도 없는 노릇이다. 빨리 잘 해야 하는 효율과 생산성의 문제가 중요시되고 있다.

공장에서 물건을 찍어낼 때도 가장 중요한 건 불량 없이 납기일을 맞추는 것이다. 나 역시 원고를 쓰고 있는 지금 이 순간도 마감일을 정해두고 역으로 하루의 원고 분량을 정한다. 하지만 불량이 없어야 한다. 내가 원고를 쓰는 이 순간에 최선을 다하고 집중을 하기 위해 수많은 사람들이 나를 도와준다. 출판사 관계자, 나의 동료들, 지인들뿐만 아니라, 가족 모두가 나를 위해 애를 쓴다.

기업의 예를 들어보자. 2023년도 승진자를 대상으로 그룹에서 교육을 설계하려고 한다. 교육팀의 팀장은 팀원들과 회의를 할 것이다. 교육 대상자 분석, 각 직급에 맞는 적합한 교육내용은 무엇인지, 어떤 강사들을 섭외할 것인지, 강의장 선택과 일정은 언제가 좋은지, 교육생들에게 어떻게 어떤 공지를 할 것인지 등 교육진행에 관련한 다양한 주제로 회의가 진행될 것이다. 그럼 이 자리에서 팀장은 '지시'를 한다. 실무 직원은 교육을 설계하기 위한 분석에 들어갈 것이다. 예를 들어 김 과장은 직급별 교육생 특징, 해당 직급에 적합한 교육 내용, 관련 강사 섭외하기, 박 대리는 교육장 상황 조사하기, 이 사원은 김 과장과 박 대리가 업무를 수행하는 데 필요한 부분을 도와주기 등 역할을 분담해 업무를 지시할 것이다. 팀장의

'지시'에 팀원들은 관련 업무를 '수행'하게 된다. 이때 더 많은 팀원이 있다면 시간을 단축할 수 있다. 내가 종종 듣는 말이 있다. "저희 팀이 몇 명 안 되어서요. 제가 이걸 혼자서 다 해야 합니다." 이때 팀장의 역량은 '명확한 지시'를 내리는 것이다. 팀원들은 일사불란하게 움직여 지시받은 업무들을 '수행'한다.

문제는 생산성이다. 누군가는 하루면 되지만, 누군가는 일주일이 걸린다. 사실 팀원이 더 많으면 더 빠르게 할 수도 있지만, 내 맘대로 팀원을 증원할 수도 없는 노릇이다. 하지만 이제는 모두가 챗GPT에 지시를 할 수 있는 시대가 되었다. 이제는 챗GPT를 얼마나 잘 활용하느냐에 따라 능력을 평가받게 될 것이다. 팀장의 지시에 부족한 수행 결과를 가져다준 팀원은 팀장에게 질책을 듣고 능력 없는 직원으로 낙인 찍히기도 했지만, 이제는 이런 업무 문화가 점차 사라질지도 모른다.

내가 지시하고, 끌어내는 결과는 철저히 나의 업무이므로 팀장도, 팀원도 본인의 업무 결과에 스스로 책임을 져야 한다. 일방적인 지시에 따른 일방적인 수행이 아니다. 스스로 지시하고 수행 결과를 책임져야 하는 것이다. 팀장이나 팀원이나 모두 지시를 할 수 있다는 의미다. 팀장의 역할 중 하나가 바로 권한 위임이다. 권한 위임을 통해 팀원이 주도적으로 업무를 수행하도록 하고, 이 과정을 통해서 역량을 육성시킬 수 있다. 더욱 업무 분장이 확실해지고, 권한 위임이 자연스럽게 될 것이다. 따라서 최종 의사결정권자의 권한도 약해질 가능성이 있고 모두가 의사결정권을 갖게 될 것이다.

권한 위임에 따른 선택권과 자율권은 다른 의미의 보상이기도 하다. 그렇다면 HR 입장에서 역량 기반 인사체계는 물론 각 직급의 R&RRole & Responsibility(역할과 책임)도 다시 논의되어야 한다. 이러한 과정을 통해 조직과 개인의 민첩성 또한 강화될 것이다.

종종 팀원이 열심히 수행한 업무의 결과를 팀장이 가로채는 일도 있었는데, 이런 부당한 일도 이젠 없어질 것이다. 팀장이나 팀원이 한 일이 아니라, "내"가 한 일이기 때문이다. 업무 결과가 좋든 나쁘든 내가 책임을 져야 한다. 팬데믹으로 많은 회사가 재택근무를 시행하면서 스스로 모든 업무를 끝까지 마무리하지 않으면 바로 티가 났기 때문에 무임승차자가 줄어들었다고 한다.

챗GPT가 우리 업무 환경에 깊숙이 들어오게 된다면, '무임승차'라는 말도 사라질 것이다. 팀장과 팀원의 역할 구분이 없어질 것이니 말이다. 모두가 지시할 수 있고, 챗GPT의 도움을 받아 결과물을 낼 수 있다. 따라서 시키는 일만 성실히 수행하는 역량이 아니라, 스스로 챗GPT에 명확하게 지시를 내리고, 생성된 결과물에 대한 책임과 함께 평가받게 될 것이다.

지시를 잘 하기 위해 갖춰야 하는 역량은 무엇일까? 팀장은 팀원들의 업무를 보고 피드백을 준다. 수정 보완을 거쳐 결과물을 도출하고 최종 의사결정을 한다. 그렇다면 챗GPT와 함께 일을 하려면 지시도 잘 해야 하고, 결과물에 피드백도 줄 수 있어야 하고, 최종 의사결정에 대한 책임도 져야 한다. 업무 내용에 대해서 그 누구보다도 전문가가 되어야 한다. 챗GPT가 정확하지 않은 정보를 줄 때도 있다. 아마도 앞으로 개선되겠지만, 나의 판단과 최종 단계 결정에는 나의 역량이 충분히 반영되어야 할 것이다.

어려서는 부모님의 뜻에 따라야 했고, 학창시절에는 선생님의 뜻에 따라야 했다. 직장생활을 하면서부터는 있던 자아도 없어진다고 농담을 하는 이들이 있을 정도로, 시키는 것만 하는 수동적인 인재로 양산되었을지 모른다. 그렇다 보니 내가 책임질 결정을 내리는 것에 우리는 모두 두려움을 갖고 있었다. "시켜만 주십시오. 지시만 내려 주십시오." 이런 말은 이제 넣어두자.

　리더의 자질을 갖춘다는 건 참으로 어려운 책임이 따르는 일이다. 이제는 본인 업무의 리더가 되어야 하고, 스스로 책임질 수 있는 인재로 양성되어야 한다. 여기에 선행되어야 하는 건 실수에 관대한 문화일 것이다.

　조직은 실수에 관대한 문화를 가져야 책임감을 가지고 챗GPT에 지시를 내리고, 그에 따른 좋은 결과물을 생성해 낼 수 있다. 한 번의 실수로 낙인 찍히는 게 아니라. 실수를 통해 학습이 일어났음을 인지하고 학습을 독려해야 한다. 조직은 창의적인 인재를 선호한다고 하지만, 시키지 않은 일을 하는 것에 여전히 관대하지 못하다. 수행보다 지시가 더욱 바람직한 능력임을 알겠는가.

이제는
질문하는 스킬이 필요하다

누군가와 대화를 시작할 때를 생각해 보자. 처음 시작은 "안녕하세요?", "어떻게 지내세요?", "오시는 데 불편한 점은 없으셨어요?" 등 인사말을 건네거나 안부를 묻는다. 이 말을 들으면 우리는 웃으며 인사를 하고 문답을 이어가며 대화의 서두를 시작한다. 이런 가벼운 만남에서도 우리는 어떤 말로 처음을 시작할까 고민하기 마련이다.

리더십이나 소통과 관련한 교육을 할 때면 그 어떠한 스킬보다 경청이 더욱 중요하다고 강조한다. 그런데 경청은 어떻게 할 수 있을까? 상대가 계속 이야기하게끔 만들어야 한다. 이때 가장 중요한 역량이 바로 질문 스킬이다. 심리학자 토머스 고든 박사는 대화의 걸림돌 12가지를 언급했는데, 그중 하나를 바로 '질문'이라고 하며 심문 혹은 탐문과 같은 질문은 안 된다고 했다. "했어?", "왜 안 했어?", "앞으로 어떻게 할 건데?", "그때까지 할 수 있겠어?" 같은 말은 물음표가 있는 질문의 형태지만, 대화에 걸림돌이 된다. 따라서 좋은 질문을 해야 한다고 강조한다.

"내가 질문 하나만 할게." 나와 비슷한 세대라면 굉장히 부담스러운 말이다. '나를 테스트하려는 걸까?' 하는 느낌이다. 학창시절 수업 중 선생님의 질문은 더욱 유쾌하지 않았다. 1일이면, "1번, 11번, 21번 일어나." 이런 식으로 골라가며 질문을 했던 선생님은 꼭 있었고. 꼭 정해진 답이 있었으며, 그 답을 해야만 했다. 우리는 단답형 질문에 익숙해서 "네" 혹은 "아니오"로 답이 나와야 한다는 강박도 있다. 내가 직장 초년생일 때만 해도 상사는 나에게 "네, 아니오로만 답해"라고 했던 '답정너' 같은 유형이 많았다.

궁금한 것이 있어도 선생님이나 선배에게 질문한다는 건 어려운 일이었고, 명령과 지시가 더욱 익숙했다. 이런 부정적 경험이 많은 탓에 질문에 익숙하지 않은 기성세대 선배들을 대상으로 질문을 잘 하는 법, 질문에 답(피드백)을 잘 하는 법 등을 교육으로 다루곤 한다. 어떤 질문이 효과적인 질문인지를 잘 모르니 챗GPT같은 인공지능과 대화를 할 때도 적당히 말하면 찰떡같이 알아주기를 원하는지 모른다.

그러다 다양성과 개성을 중시하는 시대로 변해가면서 소크라테스의 문답법, 유대인의 하브루타 질문법 등이 떠오르게 되었고 질문의 중요성이 강조되어 왔다. 학교에서도 단답식 답이 주어지는 암기식 학습보다는 생각을 확장해 줄 방안으로 서로에게 질문을 하는 토론식 수업이 생겨나고 있다. 많은 조직에서 코칭 기법을 도입하면서 지시와 명령이 아닌 스스로 답을 찾아가는 질문법을 교육한다. 이때 강조하는 질문법은 몇 가지로 정해져 있다.

첫째, 닫힌 질문이 아닌 열린 질문을 할 것, 둘째, 부정형 질문이 아닌 긍정형 질문을 할 것, 셋째, 과거형 질문이 아닌 미래형 질문을 할 것.

가장 쉬운 예로, "밥 먹었어?"라고 질문을 한다면 "네, 아니요"로 밖에 답이 나오지 않는다. "뭐 먹었어?"라고 했을 때, 더 길게 답변이 나온다. 차이가 보이는가? 상대에게 관심이 있어야 이런 질문이 가능하다.

이렇듯 첫 질문이 굉장히 중요하다. 나에 대한 관심도를 상대의 질문으로 가늠하게 되기 때문이다. 나에게 관심이 있고 상황에 호의적인 사람이라면 열린 질문을 하게 되어 있다는 것이다. 어떤 사항에 대해서 논의하는 상황이라면 "이 사안에 대해서 어떻게 생각하나요?", "당신의 의견은 어떤가요?"라고 묻는다면 열린 질문이다.

하지만 "가능하다고 생각해?", "계획된 날짜까지 할 수 있어요?"라고 한다면 닫힌 질문이다. 단순히 질문을 넘어 나를 배려한다는 생각이 전혀 들지 않는다. 이렇게 질문은 중요한 스킬이다. 예를 들어 계획된 날짜가 정해져 있는 상황이고, 그날까지 해야 하는 일이라 해도 "계획된 날짜까지 하려면 어떻게 하면 될까요? 내가 뭘 도와주면 될까요?"라고 한다면 같이 대화를 나누는 사람은 마음이 편해지고 앞으로 더 말을 이어 나가고 싶은 마음이 들 것이다. 질문은 이렇게 상대의 마음을 움직이게 한다.

큰 실수를 한 동료에게 "이거 왜 안 했어요? 대체 잘하는 게 뭐지?"라고 한다면 상대는 어떤 느낌일까? 시험을 망친 자녀에게 "그러니까, 엄마가 시험공부 미리미리 하라고 했지? 왜 안 했어?"라고 한다면 아이는 어떤 마음일까? 이미 스스로 본인의 실수를 알고, 본인의 시험 결과를 잘 알고 있다. 질문을 가장한 질책이다. 질책은 서로의 미래에 도움이 되지 못한다.

이런 부정형의 질문보다는 긍정형의 질문이 더 효과적이다. "잘할 수 있는 부분을 찾아보면 어떨까요?", "앞으로 이런 실수를 하지 않기 위해 어떻게 하면 될까?"라는 질문이 훨씬 효과적이다.

"도대체 왜 그랬어요?", "지금까지 어떻게 해왔어요?"처럼 과거의 행동을 비난하는 과거형 질문보다는 앞으로 더 잘할 방법에 대한 고민이 더 효과적이다. "앞으로 어떻게 하면 될까?", "목표를 이루기 위해서 어떻게 하는 게 좋을까?"라는 미래형의 질문이 더욱 바람직하다.

질문을 하면 상대는 대답할 것이다. 그 답을 잘 듣고 그 안에서 또 질문을 찾아서 이어 나가는 것이다. 질문이 효과적인 이유는 몇 가지로 정리해 볼 수 있다. 질문을 하면 답이 나오고, 생각을 자극하고, 스스로 학습을 하게 되고, 스스로 납득이 된다.

챗GPT의 등장으로 다시 한번 질문의 중요성을 인식하게 되었다. 그러나 그 전부터 질문은 아주 좋은 소통의 기법이었다. 나만의 이야기를 하기에 급급했던 우리에게 챗GPT의 등장으로 다시 한번 나의 부족함을 깨우쳐 주는 기회가 온 것은 아닐까.

이제부터는 답을 하는 기술보다 질문을 잘하는 스킬에 초점을 맞출 때다. 주변에서 질문을 잘하는 사람을 찾아보자. 질문을 잘하는 사람들은 여유로워 보인다. 질문을 잘하는 사람들은 경청을 잘하는 사람들이다. 질문을 잘하는 사람들은 주변에 사람이 많다. 질문을 잘하는 사람은 배려심이 많은 사람으로 보인다. 대화의 대부분이 질문인 사람들에게는 많은 정보가 모인다. 따라서 질문을 잘하는 사람은 능력이 있는 사람일 가능성이 크다.

질문은 상대에 대한 관심이 있어야 가능하다고 했다. 챗GPT 시대에 질문 역량은 특정 주제에 관심이 있어야 잘 펼칠 수 있다. 관심뿐만 아니라, 잘 알아야 하는데. 관심은 흥미, 잘 안다는 건 적성일 수 있다. 흥미는 말 그대로 잘하고 못하고를 떠나서 대상에 대한 관심을 갖고 있는 것, 적성은 개인이 잠재적으로 가지고 있는 재능이다. 그런데 이 적성이라는 것은 "연습으로 만들어진 소질적인 능력"이라는 정의도 있다. 다시 말해 하고 싶은 마음이 적성을 만들어 나간다는 것이다. 흥미가 적성을 키운다는 것이다. 흥미를 갖고 계속 연습을 하면 만들어지는 것이 적성이라는 것이다. 질문을 대입해 보면, 한 주제에 관심을 두고 계속 질문하면 적성이라는 형태의 (좋은) 결과물이 나온다는 것이다.

우리나라의 대표적인 MC 유재석이 생각난다. 미국의 래리 킹이나 오프라 윈프리도 떠오른다. 그들 앞에 가면 마음이 편안해 더욱 많은 말을 하게 될 것 같다. 그들은 상대가 입을 열게끔 하는 기술이 있다. 물론 챗GPT에 하는 질문과 사람에게 하는 질문, 그리고 인터뷰에서 하는 질문 기법은 모두가 다를 것이다. 하지만 질문의 기본은 관심과 배려다. 상대에게 관심이 많아야 질문을 잘하게 되고, 배려심이 많아야 답을 기다릴 줄 안다. 적절한 칭찬도 아주 좋은 질문 기법이다. 원하는 답이 안 나오면, 기다렸다 다시 질문하고, 내용을 바꿔 또 질문을 하면 된다.

기업교육의 흐름은 어떻게 바뀔 것인가

코로나19로 기업교육에는 큰 변화가 있었다. 바로 비대면 교육이었다. 2020년 코로나19로 모든 집체식 교육이 취소되었다. 연초가 되면 각 기업들은 승진자 교육을 비롯해 신입사원 교육, 다양한 워크숍을 진행한다. 2020년 3월 학교 개학도 미뤄진 상황에 기업에서 교육을 할 리가 없다. 나 역시 2020년 2월부터 5월까지 강의를 진행한 일수가 손에 꼽을 정도이다. '이러다 정말 기업교육이 사라지는 건 아닌가' 생각에 겁이 났다. 그러다 시간이 지나고서는 너무 적응한 나머지 '비대면으로 하지 왜 지방까지 이동을 해?'라는 생각을 하기도 했다. 사람은 역시 적응의 동물이다.

엔데믹 선언을 한 지금도 한 달에 한두 번은 비대면 교육을 진행한다. 강사양성과정을 진행하면서 '비대면 상황에서의 교육 진행'에 대한 이야기를 꼭 언급하고 있다. 이동하는 데 문제가 있는 경우, 비대면 교육은 더 많은 기회를 준다. 최근 인스타그램을 비롯한 여러 SNS를 통해 다양한 분야에서 비대면 교육으로 다양한 교육을 제공하고 있다.

김난도 교수의 《트렌드 코리아 2018》에 이미 '언택트'라는 용어가 언급된 바 있고, 미국의 대학 과정인 미네르바 스쿨은 처음 개교할 때부터 다국적 학생들이 전 대륙에 자리 잡고 있는 기숙사에 생활하며 비대면 수업을 하고 있었다. 키오스크는 코로나19 이전부터 이미 있었지만, 코로나19가 이 모든 것을 "강제적으로 앞당겼다"라는 표현을 써가며 변화를 이야기했다. 이렇듯 비대면 교육은 '이미 존재'했다.

학교 현장에서는 아주 오래전부터 비대면 교육 현장을 예측했다. 학교라는 정해진 장소도 없어질 것이며, 교과서도 디지털화될 것이며, 창의성을 키우고 융합인재를 양성하기 위한 많은 이야기가 논의의 주제가 되곤 했다. 최근 '거꾸로 학습'이라고 불리는 '플립 러닝flipped learning'이 주목받고 있는데, 이역시 내가 교육학을 공부하던 시절 이미 다루었던 교수법이다. 수업 전 미리 제공된 온라인 수업이나 교육 자료를 사전에 학습하고, 오프라인에서는 토의를 통해 과제를 해결하는 방식으로 진행하는 교수법이다. 사고하는 능력을 키우는 게 교육의 목적이 되어야 한다.

주어진 답을 외우는 지식을 전달하는 방식은 굳이 선생님과 상호작용을 하면서 진행할 필요가 없다. 개념을 다루는 지식 분야는 사전에 제공된 교육 자료를 통해 학습한 후, 관련 내용을 활용할 수 있는 과정을 통해 더욱 사고의 확장을 꾀하는 것이다. 여러 가지 교수법을 함께 사용한다고 해서 이를 '블렌디드 러닝blended lerning'이라고 한다.

코로나 이후 학교에서 활용했던 일주일 비대면 수업, 일주일 대면 수업을 혼합하는 교육 방식도, 기술학교에서 이론과 실습을 함께 학습하는 것도 블렌디드 러닝이다. 오늘 배운 내용을 다음 날 실습장에 가서 실행해 보며, 특정한 결과물을 만들어 낸다. 서로 다른 교수법을 혼합해 활용한다면 모두 블렌디드 러닝에 해당된다. 전혀 새로운 교수법이 아니다. 이미 세상에 있던 교수법들을 코로나19로 인해 적용하게 되었는데, 새롭고 변화된 방식이라며 세상이 떠들썩하다.

무명으로 오랜 세월을 보낸 배우가 '어느 날 갑자기' 주목받는 경우가 있다. 영화 〈기생충〉의 이정은, 드라마 〈더글로리〉

의 염혜란, 정성일 등 이들은 20~30년 가까이 연기 생활을 했다. 사회의 변화 속에 갑작스레 관심을 받는 상황과 비슷한 이치다. 모든 변화가 어느 순간 밀려오는 것이 아니라, 이미 예측된 수많은 사례가 바람을 타며 한순간 훅 들어오고 있다.

제4차 산업혁명이 의제로 떠오르자, 초등학생도 코딩 교육을 하고, 몇 해 전부터는 직장인들도 코딩을 배우기 시작했다. 흐름을 타고 메타버스가 부상했고, '게더타운' 툴을 교육 현장에 활용하려는 시도가 있었다. 학습자 입장에서 온라인 교육이나 실시간 비대면 교육은 눈의 피로도는 물론 집중하는 데도 긍정적인 영향을 주지 못한다. 이를 보완하고자 메타버스 플랫폼을 활용해 게임처럼 교육에 접근하도록 한 것이다. 게이미피케이션('게임'에 'fication'를 붙여 만든 말로 공부도, 업무도 게임 같이 즐겁게 적용하자는 뜻)을 적용해 학습자의 흥미와 참여를 유도하기 위해서 말이다. 당시에는 새로운 아이템을 발견했다며 많은 이들이 모여들었다.

그런데 이 또한 이미 있었던 기술이며, 게임을 활용한 교수기법이라며 다루었던 내용이다. 게임을 활용해 교육의 효과와 참여를 올리는 기법이다. 게임을 통한 경쟁심을 자극해 더욱 강렬한 행동을 하게끔 하는 기법으로 활용되며, 마케팅 기법에서도 활용된다. 제비뽑기나 창 던지기 같은 게임으로 사은

품을 준다거나, 조별 대항 점수를 매기고 서로 경쟁하도록 하는 게임 등을 활용한다. 그런데 이런 기법들이 디지털 기술과 AI 기술에 접목되면서, 새롭고 조금 다루기 힘든 것처럼 느껴지게 된 것이다. 이런 변화를 교육에 적용하지 못하면 뒤처지는 것으로 말이다.

개발자들의 고연봉이 공개되자, 취준생이 원하는 기업이 2020년부터 전통적인 대기업을 제치고 카카오가 차지했다.[38] 직업세계의 변화가 빠르고, 취업이 어려운 현실을 반영한 듯 이과를 지망하고, 컴퓨터 관련 학과의 인기가 하늘을 찌른다. 문과 졸업생들은 취업이 어려우니 로스쿨 진학이 필수가 되어버리기도 했다.[39]

계속 예측되어 오던 여러 현상 중에서 하나씩 유행을 타는 것인데, 많은 이들은 위기라는 단어를 쓰고, 어떤 공부를 하고 직업을 가져야 하는지 결과만을 빨리 알아내길 원한다. 사회 변화 속도가 빠르고, 그에 따라 기술도 빠르게 진보하는 이 시대에 AI가 우리의 직업을 점령할 것이니, 인간만이 할 수 있는 역량을 키워야 한다는 게 나를 비롯한 많은 전문가의 의견이지만, 너무도 뻔해보이는 이야기라 사실 잘 통하지 않는 면도 있다.

AI가 교육 현장에 진입하게 되면, 교·강사의 역할도 달라질 것이다. 아무리 좋은 교육을 AI가 추천해 주고 제공해 준다해도, 학생이 공부하지 않으면 헛일이다. 기업교육은 성인교육이니 더욱 그러하다. 성인들은 본인의 문제를 해결할 수 없고, 본인의 문제와 관련이 없으면 참여를 원하지 않는다. 성인들은 성숙하고 독립적인 인간이어서 스스로 참여를 결정하기를 원한다. 학습에 호의적인 마인드가 있고, 교육 참여 의지가있을 때 참여하게 된다.

결국 기업교육은 2가지가 선행되어야 한다. 첫째, 학습 친화적인 조직문화(학습 지원), 둘째, 개인의 자기 주도적 학습 능력이다. 나의 조직이 얼마나 학습을 지원하는지, 나의 팀장은학습의 기회를 제공해 주는지, 학습에 호의적인지 등에 따라팀원의 학습 기회가 달라지기 때문이다. 더불어 학습자 개인의 학습에 대한 의지나 자기 주도적 학습능력에 따라 학습의질은 달라진다. 나의 조직과 팀장은 학습 지원에 어떠한 인식을 하고 있는지, 나에게 자기 주도적 학습 능력이 있는지 간단히 측정해 보자.

자기계발 역량 지수

스스로 학습하는 자기계발 역량 수준을 측정하는 테스트

	본인의 상황을 고려해 Yes 또는 No에 체크하시오.	YES	NO
1	대화 도중 생소한 단어를 접하면 의미를 찾아본다.		
2	새로운 트렌드에 민감하다. (예. 누구보다 빨리 챗GPT를 알았다)		
3	새로운 정보를 습득하는 것을 긍정적으로 생각한다.		
4	새로운 것을 배울 수 있는 최선의 방법을 알고 있다.		
5	나는 최근 1년 안에 업무과 관련한 외부 워크샵(학회, 콘퍼런스 등)에 다녀온 적이 있다.		
6	문제해결을 위해 접근방법을 유연하게 수정한다.		
7	나의 업무수행 과정이나 결과에 대한 피드백을 구한다.		
8	나는 나의 성장과 개선을 적극적으로 추구한다.		
9	나는 실수를 통해 배우고 성찰한다.		
10	직장 밖에서도 함께 학습할 사람을 찾는다.		
11	나는 최근 1년 안에 독서 모임이나 스터디 그룹에 참여한 적이 있다.		
12	다른 사람들이 문제해결을 위해 나에게 찾아오는 편이다.		

12개 문항 중 Yes의 수 : 10개~12개 우수 | **7개~9개** 양호 | **6개 이하** 노력 바람

조직 내 학습 지원 인식

나의 조직과 동료는 학습에 어느 정도 지원하는지 측정하는 테스트

		본인의 상황을 고려해 Yes 또는 No에 체크하시오.	YES	NO
1		내가 나의 역량을 발전시키고자 한다면 현재의 직장에서 그 기회를 얻을 수 있다.		
2		나의 업무와 관련된 기술을 향상시킬 수 있는 교육과정에 참여할 수 있는 기회가 현재의 직장에서 제공되고 있다.		
3	성장기회	나의 직무와 관련해 새롭게 밝혀진 지식 및 기술을 기민하게 파악할 수 있는 다양한 학습(사내, 외부 교육의 기회, 학습 동아리 등)이 현 직장에서 제공되고 있다.		
4		나의 동료들은 자신의 경험이나 지식을 서로 공유하는 편이다.		
5		나의 동료들은 서로 다양한 학습활동을 지원하고 격려해 준다.		
6		나의 동료들은 나의 잠재력과 가능성을 인정해 준다.		
7		나의 업무수행 중 나의 동료들은 내가 어려움을 겪을 때 내가 무엇을 원하는지 잘 알고 있으며 결과에 대한 피드백을 준다.		

8	상사지원	나의 상사는 면담 등을 통해 업무와 관련한 학습 계획을 세울 수 있도록 도움을 준다.		
9		나의 상사는 나의 비전(경력) 달성 여부에 늘 관심이 있다.		
10		나의 상사는 내가 경력개발과 관련한 목표를 정하는 데 많은 지도와 도움을 준다.		
11		나의 상사는 내 업무성과가 좋은 경우 나의 공로를 확실히 인정해 준다.		
12		다른 사람들이 문제해결을 위해 나의 상사에게 찾아오는 편이다.		

12개 문항 중 Yes의 수 : 10개~12개 우수 | 7개~9개 양호 | 6개 이하 노력 바람

챗GPT 시대에 기업교육, 교육 경험이 중요하다

워낙 신입사원을 소수로 채용하니, 취준생 입장에서는 취업하기가 '하늘의 별 따기'다. 아직도 대기업 신입사원 교육을 들어가면 스펙이 좋은 명문대 출신이 많기는 하다. 그들은 객관적인 스펙도 좋지만, 인간만이 할 수 있는 소프트 역량도 함께 갖추고 있는 경우가 대부분이다. 모든 걸 갖춰야 우리가 알 만한 곳에 취업을 하는 것이 현실이다. 급여나 근무 조건 등 다양한 부분에서 대기업의 조건이 좋으니, 당연히 대기업을 선호하고, 어차피 평생직장이 없으니 대기업 경력이라도 만들어놔야 한다는 일종의 스펙인 것이다.

직장인 입장에서는 평생직장의 개념이 없지만, 기업은 조직이 평생 건재하기를 바랄 것이다. 결국 조직원들이 역량을 발휘해 줘야 한다. 이 직원이 3년 후, 5년 후에 퇴직한다 해도 있는 동안 최선을 다해 육성하고, 인재를 유지하고, 좋은 인재를 유입할 방법을 고민해야 한다. MZ세대들은 본인이 성장할 수 있는 조직을 원한다. 그렇다면 어떠한 교육 경험을 갖게 할 것인가가 아주 중요하다.

첫째, 기업교육은 집체교육에서 벗어난 개인 맞춤형 교육으로 변화될 것이다. 지금까지의 기업교육은 전 사원에게 필수적으로 해당하는 공통 교육과 각 직급, 직무별로 해당하는 교육으로 나뉜다. 전사 교육은 회사의 비전이나 가치, 혹은 당시의 트렌드 등과 같은 이슈를 다룬다. 각 직급과 직무별로 제공되는 교육은 해당 직무자들을 대상으로 한 직무분석 결과와 고성과자들을 대상으로 한 역량모델링 결과를 기반으로 KSA를 분석 후 교육을 설계한다. 예를 들어 사원급은 셀프리더십, 대리급은 커뮤니케이션 스킬, 과장급은 중간관리자 리더십, 차장급은 문제해결 능력, 부장급은 코칭 기법 등과 같은 내용으로 설계된다. 또 R&D는 어떠한 역량, 영업직은 어떠한 역량 등이 요구되므로 관련된 교육 내용들로 교육이 설계된다. 해당 직무, 해당 직급이 받게 되는 교육이므로 보통은 집합식 교육을 한다. 열 명에서 많게는 몇백 명이 되기도 한다. 인원 수에 따라 교육의 효과가 천차만별이다. 10명만 넘어가도, 서로 다른 교육의 니즈가 발생한다.

챗GPT 시대에는 이러한 집합식 교육보다는 개인 맞춤형 교육으로 변화될 것이다. 사원급이지만, 누군가는 셀프 리더십보다 커뮤이케이션 스킬이 더욱 요구될 수 있다. 부장급이지만, 임원과의 소통에 어려움이 있어서 커뮤니케이션 기본 교육이 더욱 필요할 수도 있다는 것이다. 그렇다면 이런 교육 설계는 어떻게 구성될까? 바로 AI로 적용할 수 있다.

교육은 체계적인 교육의 틀 안에서 진행되는 형식 교육도 있지만, 더 많은 학습과 발달은 비형식 교육에서 이루어진다. 업무를 하는 과정에서 선배에게 또는 스스로 배우게 되는 모든 것들, 혹은 조직 내 인간관계 스킬이나 직장 예절 같은 것들도 무형식적 학습 과정에서 배우게 된다. 그렇다면 업무를 하는 모든 순간이 학습의 순간이 될 수 있다.

개인은 업무를 진행하면서 내게 부족한 부분이 있다면 스스로 찾아서 학습해야 한다. 챗GPT가 나올 때 온 세계가 들썩였지만 내가 스스로 학습하지 않으면 '들어보긴 했는데, 한 번도 써 보지 못한' 사람이 되는 것이다. 스스로 찾아서 학습해야 하므로, 이때의 교육은 집합식 형식 교육은 아닐 것이다. 팀장은 팀원들의 업무를 면밀히 살펴보고 부족한 부분이 발견된다면 교육의 기회를 주어야 한다. 교육은 집합식 형식 교육도 가능하지만, 모든 교육의 니즈를 형식 교육으로 설계를 할 수는 없는 노릇이다. 개인에게 필요한 맞춤식 비형식 교육이 더욱 많아질 것이다. AI가 기업교육에 적용된다면, 한 직원의 업무에 대한 설명과 성과 그리고 교육 경험을 입력하고 상황에 맞는 교육을 추천해 달라고 할 수도 있을 것이다.

성인을 대상으로 하는 기업교육은 조직의 니즈에 맞춰진 교육보다 개인의 경력개발에 도움이 되는 교육일 때 더욱 참여율이 높다. 교육부서는 교육을 지원하는 부서의 역할보다 학습자들이 자유롭게 교육을 활용할 수 있도록 교육 플랫폼을 제공해 줄 수 있는 공간이어야 한다.

더불어 기업 교육은 기업의 목적에 맞춰진 교육이라는 인식보다는 개개인이 모인 조직임을 인지하고 개인의 역량 개발을 위한 교육으로 변화해야 함을 기억하자. 결국 개인 역량의 합이 조직 역량을 설명할 수 있을 것이다. 이때 교육은 단편적인 지식의 제공만을 위한 교육이 아닌, 경력개발 관점의 교육이어야 한다.

따라서 교육을 단발성 이벤트로 보기보다는 총체적 학습 경험의 여정으로 봐야 한다는 것이다. 이를 '러닝저니learning journey'라 한다. 모두의 인생 여정이 다르듯, 교육의 과정(여정)도 다르게 설계되어야 함을 기억하자.

둘째, 교육방식은 플립러닝(블렌디드 러닝)이 될 것이다. 여러 가지의 교수법을 함께 사용하는 모든 교수법을 '블렌디드 러닝'

이라 부른다. '온라인+오프라인', '강의+실습', '강의+토론' 등 모든 방법을 함께 사용하는 교수법을 말한다. 일방적인 지식의 전달이 아니라 문제 해결과 숙련에 초점을 둔 교육방식이 될 것이다. 지식을 전달하는 것보다 사고를 확장시키는 교육이어야 하므로, 다양한 교수법이 혼용되어 활용될 것이다.

나는 교육을 진행할 때, 꼭 조별 토의가 가능한 책상 배치와 필기구를 준비하도록 한다. 중요한 키워드들을 필기하도록 요청하고, 다양한 내용으로 조별 토의를 하도록 한다. 대부분의 교육생은 수업 중에 강의를 듣는 것 이외의 활동에 거부반응을 보인다. 이유는 바로 발표의 부담감 때문이다. 하지만 발표보다는 활동 과정이 더욱 교육적 효과를 준다. 나는 교육 시 발표를 잘 시키지 않는다. 과정 안에서 충분히 고민할 기회가 있음에 교육 효과는 충분하다고 생각한다.

셋째, 교육보다는 '러닝learning'에 주안점을 두게 될 것이다. '러닝'의 많은 부분은 일터에서 비형식적인 교육의 형태로 일어난다. 교수법과 같은 방법적인 논의나, 교육 내용의 문제가 아니다. 물론 구체적인 내용을 정하기도 어렵다. 일터학습work place learning은 의도하지 않은 순간에도 수없이 일어난다. 이런 러닝을 지원하는 환경이어야 한다.

러닝에 민첩성을 지니고 학습을 지원하는 조직문화를 만드는 데에 HR 부서의 노력이 필요할 것이다. 학습자가 원하는 시간과 공간에서 학습할 수 있도록 다양한 방법으로 지원해 줘야 한다. 온라인은 물론 모바일을 통해서, 혹은 다양한 교육 현장의 참여를 적극 지원해 러닝을 조직문화로 정착해 가야 할 것이다. 챗GPT를 비롯한 AI 기술이 우리 일터를 점령하게 된다면 계속적인 리스킬링, 업스킬링이 현장에서 발생해야 한다. 비형식적 교육이 전체 교육의 90%에 해당할 만큼, 학습은 업무와 별개의 것이 아닌 늘 일터에서 발생하는 것으로 보아야 한다.

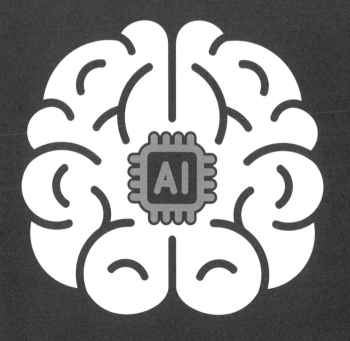

3장

DEEP DIVE CHATGPT

어떻게 사용할까?
챗GPT 기본 사용법

▶▶

회원 가입

인터넷 검색창에 'ChatGPT'라고 검색을 한 뒤 오픈AI 사이트에 들어간다. 화면 우측 상단에 'Log in', 'Sign up' 버튼이 보인다. 처음 사용하는 경우 'Sign up'을 누르고 회원 가입을 하거나, 구글, 애플, 마이크로소프트 계정으로 로그인하도록 클릭할 수 있는 곳이 표시된다. 'Continue with Google' 버튼을 클릭하고 간단한 인증을 거치면 가입이 완료된다.

현재 GPT-4가 공개되었지만, 무료 버전을 먼저 사용해 보기를 추천한다. 일반적인 검색 엔진의 검색창은 화면의 상단이나 중앙에 위치하지만 챗GPT는 메신저처럼 화면의 하단에 프롬프트 창이 있다. 챗GPT에 물어보고자 하는 내용을 말하듯 입력하면 된다.

물어보기(채팅하기)

원하는 질문을 자유롭게 한다. 챗GPT는 나와의 대화를 모두 기록하며 챗GPT가 혼동하지 않도록 하나의 주제로 대화하기를 권한다. 따라서 주제가 달라진다면, 화면 왼편 상단의 'New Chat'을 클릭한 후 새로운 대화를 시작하면 된다. 이전의 대화는 계속 기록된다.

스마트폰에서 사용하는 법

챗GPT 출시 후 스마트폰용 앱은 따로 마련되어 있지 않았다. 스마트폰에 별도의 아이콘을 생성해 사용할 수 있었지만 2023년 5월에 iOS용 앱이 출시되었고 앱스토어에서 다운받아서 사용할 수 있다. 하루하루 변화를 몸소 느끼고 있다. 안드로이드 앱의 경우 2023년 5월 현재 출시 전이지만, 홈 화면에 아이콘을 생성해 편리하게 사용할 수 있는 방법을 알아보자.

iOS 홈 화면에 앱 설치하는 방법

1. 앱스토어에서 'ChatGPT'를 검색한 뒤 오픈AI가 제공하는 앱인지 확인하고 다운받는다.
2. 애플, 구글, 이메일 중 하나를 골라 회원가입 후 로그인한다.
3. 간단한 안내 창이 나오고 'continue'를 누르면 하단에 챗GPT 프롬프트 창이 보인다.

안드로이드에서 생성하는 방법

1. 인터넷 앱에서 'ChatGPT'를 검색한다.
2. 오른편 하단에 있는 '서랍(3줄)' 버튼을 누른 뒤 '홈 화면에 추가'를 선택한다.
3. 챗GPT 아이콘이 생성된다.

한글로 사용하기(프롬프트 지니 설치)

현재 공개된 GPT-4의 경우, GPT-3.5 버전의 영어보다 한국어 실력이 뛰어나다. GPT-4를 사용한다면 한글로 사용하는 데 큰 무리가 없다고 본다. 그러나 GPT-3.5 무료 버전을 사용한다면, 영어로 질문하고 답변을 받는 편이 더욱 성능이 뛰어나다. 이때 활용할 수 있는 번역 툴이 '프롬프트 지니'다. 이 툴에 한글로 입력하면 영어로 바로 자동 번역을 해준다.

구글에서 '프롬프트 지니'를 검색한 뒤 '프롬프트 지니: ChatGPT 자동 번역기' 링크를 클릭한다. 크롬 확장프로그램 페이지로 넘어가면 'Chrome 추가' 버튼을 눌러 설치를 진행한다.

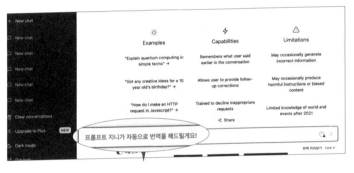

챗GPT 자동 번역기 '프롬프트 지니'를 설치한 화면

설치 후 '새로고침' 버튼을 누른 다음 검색창의 테두리 색깔이 파란색으로 변하면 번역 툴이 잘 설치된 것이다. 이제 바로 한글로 대화가 가능한 채팅창이 된다. GPT-4의 경우 번역 툴을 설치하지 않아도 성능이 뛰어나다고 하니, 참고 바란다.

최신 정보를 반영하는 방법

챗GPT는 2021년까지의 정보를 반영한다. 하지만 확장 프로그램을 사용하면 최신 정보에 접근할 수 있다. '웹챗GPT'를 활용하는 방법이다. 구글에서 'WebChatGPT'를 검색한 다음 맨 위의 링크를 클릭한다. 크롬 확장프로그램 페이지가 나오고, 'Chrome에 추가'를 누르면 설치된다.

"2023년 오스카 여우주연상을 받는 배우는 누구입니까?"라는 질문을 해보았다(이 책을 쓰고 있는 시점은 2023년 4월이며, 2023년 3월 양자경이 동양인 최초로 여우주연상을 받았다).

동일한 질문에 챗GPT는, "특정 인물의 운명을 예측할 수 없다"고 답했다. 최신 정보를 반영하지 못한 것이다. 반면 웹챗GPT는 최신 정보를 반영해 정확한 답변을 내놓았다.

질문 **2023년 오스카 여우주연상을 받은 배우는 누구입니까?**

챗GPT 죄송하지만 저는 미래를 예측하거나 특정 인물의 운명을 예측할 수 없습니다. 영화 업계는 매우 예측 불가능한 요소가 많아 오스카 여우주연상 수상자는 매년 예측하기 어렵습니다. 따라서 어떤 배우가 수상했는지 예측을 할 수 없으며, 예측을 위해서는 충분한 근거가 필요합니다.

검색창에서 챗GPT 결과 함께 보기

일반적으로 챗GPT에 질문을 하기보다는 검색창을 습관적으로 이용한다. 이때 챗GPT의 답변을 함께 확인할 수 있다. 구글에서 'ChatGPT for Search Engines'을 검색한 후 링크를 클릭해 같은 방법으로 'Chrome에 추가'를 누르면 설치된다.

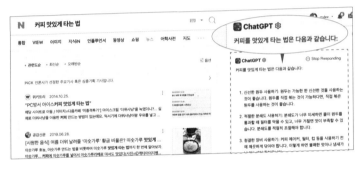

챗GPT를 포털 검색창에서 활용하는 방법

포털 검색창에 "커피 맛있게 타는 법"이라고 물어보니, 우측에 챗GPT의 답변이 함께 보인다. 그런데 모든 검색마다 챗GPT가 답을 제공해 주는 것은 크게 효용가치가 있지는 않다.

검색창을 활용해야 할 때와 챗GPT를 활용해야 할 때가 서

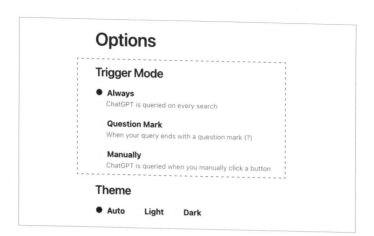

포털 검색창에서 사용하고 싶지 않으면 설정에서 변경할 수 있다

로 다르기 때문이다. 이 기능을 사용하고 싶지 않다면 '설정'에서 환경을 바꿀 수 있다.

어떻게 물어볼까?
챗GPT 질문법

챗GPT가 검색 포털과 다른 점은 채팅이 가능하다는 사실이다. 다양한 검색어로 여러 번의 검색을 시도하는 게 아니라, 연결된 질문을 계속할 수 있다는 의미의 대화형 인공지능이다. 프롬프트도 검색창처럼 생겼지만, 전혀 다른 결과물을 보여준다. 사용해 본 사람은 알 것이다. "나는 당신과 대화를 하고 싶습니다"라고 프롬프트를 작성하면 "안녕하세요? 대화할 주제가 있나요?"라고 답변한다. 이는 질문에 답을 준다기보다는 대화가 가능한 인공지능이라는 점을 명확히 알게 해주는 부분이다. "어떤 주제가 있을까요?"라고 되물으니, "나는 아무런 주제나 대화할 수 있습니다. 당신은 어떤 주제로 대화를 하길 원하시나요?"라고 나에게 또 다른 질문을 한다.

내가 챗GPT를 어디에 어떻게 활용하고자 하는지에 따라 질문을 달리 해야 할 것이다. 목적 없이 대화하고자 할 때도 가능하지만 뚜렷한 목적을 갖고 나름의 결과물을 도출해 내기 위해서라면 문제는 달라진다. 같은 선생님에게 똑같은 수업을 들은 학생들의 성적이 모두 다르듯 챗GPT라는 같은 AI 툴을 사용한다 해도 서로 다른 결과가 도출될 것이다.

같은 선생님의 수업을 듣는 학생 사이에서도 과거의 학습 정도, 개인의 다양한 경험들, 학습자의 이해력, 예습과 복습, 적용하는 다양한 학습 방법 등에 따라 결과물이 다를 것이다. 그렇다면 좋은 질문이란 개인의 역량에 따라 크게 달라질 수 있다는 사실도 기억하자. 앞서 여러 번 강조했던 '역량 딥다이브capabilities deep dive'가 중요한 이유를 이해할 것이다. 어떻게 물어볼 것인지에 대한 고민보다는 결국에는 개인의 다양한 역량과 인사이트를 기르는 것이 우선이다. 이제 챗GPT를 다룰 때 어떻게 질문해야 최적의 결과를 얻을 수 있을지 알아보겠다.

첫째, 목적을 명확히 해야 한다. 어떤 대화든 목적을 분명히 하지 않으면 원하는 방향으로 흐르지 않는다. 일상생활에서도 공적인 자리에서 만났다가 사적 대화만 하고 헤어지는 일도 빈번하게 일어난다. 또 면담 상황에서도 상사와 업무 성과에 관련한 발전적인 이야기를 하는 게 아니라, 본인의 과거 자랑을 늘어놓으며 '나 때는'으로 끝나는 이야기는 너무 많이 들어서 귀가 아플 정도다. 이러한 상황은 대화의 목적을 명확히 하지 않아서 발생한다.

챗GPT와의 채팅도 어떤 목적인지를 명확히 해야 한다. 포털에서 검색을 할 때는 주로 키워드 중심으로 검색을 한다. 그리고 결과에 따라 관련 링크를 몇 개 골라서 살펴본 후 추가 키워드를 찾아 다시 검색한다. 챗GPT도 계속 이어지는 채팅으로 적합한 답을 찾을 수 있다. 챗GPT는 나와의 대화를 기억을 한다. 예를 들어 "만유인력에 대해 알려주십시오"라고 질문을 하면 다음과 같은 답을 준다.

질문 **만유인력에 대해 알려주십시오.**

챗GPT 만유인력(萬有引力, universal gravitation)은 물체 사이에 작용하는 모든 중력을 일컫는 말로, 라틴어로 "모든 것에 대한 인력"을 뜻하는 "gravitas"에서 유래했습니다. 이론적으로 모든 물체는 서로 인력으로 인해 서로를 끌어당기는 힘을 가지며, 이는 뉴턴의 만유인력 법칙에 따라 계산됩니다.

뉴턴의 만유인력 법칙은 두 물체 사이에 작용하는 중력이 그 물

>>>

체의 질량과 거리에 비례하며, 두 물체의 질량이 더 커질수록 그 중력이 강해진다는 것을 말합니다. 이러한 법칙을 바탕으로 중력 상수를 이용해 두 물체 간의 중력을 계산할 수 있습니다.

만유인력은 우주와 천체의 운동, 물체의 낙하 등 다양한 물리 현상에서 중요한 역할을 합니다. 또한 만유인력의 개념은 전통적인 물리학에서만 다루어지는 것이 아니라, 현대 물리학에서도 중요한 개념 중 하나입니다.

그런데 초등학교 4학년인 조카에게 설명하기 위해서 물어본 것이라면, "초등학교 4학년 아이에게 설명할 수 있도록 다시 알려주세요"처럼 목적에 맞게 적합한 질문을 해야 한다.

질문 **초등학교 4학년 아이에게 설명할 수 있도록 다시 알려주세요.**

챗GPT 만유인력이란 모든 물체에는 서로에게 작용하는 힘이 있다는 것입니다. 이 힘을 만유인력이라고 부릅니다. 모든 물체에는 무게가 있고, 이 무게는 지구에서 끌리는 만유인력 때문에 발생합니다. 만유인력은 모든 물체 사이에서 작용하기 때문에 우리가 지구에 서있다면 지구의 무게도 우리에게 작용하는 만유인력 때문입니다. 이렇게 만유인력은 모든 물체에 작용하는 힘이며, 이것이 물체가 서로 상호작용하는 원리를 설명합니다.

예시를 들어 다시 설명해 달라고 했다.

> **질문** | **초등학교 4학년 아이가 이해하기 쉽게 예시를 넣어서 알려주세요.**
>
> **챗GPT** | 초등학교 4학년 아이에게 만유인력을 이해시키는 사례 중 하나는 다음과 같습니다.
> "만약 공을 던졌을 때 공이 지구에 떨어질 때까지 날아가는 이유는 중력 때문입니다. 중력은 우리가 사는 지구에 존재하는 힘으로, 모든 물체에 작용합니다. 예를 들어 테이블 위에 놓인 과일이 그 자리에 머무르는 이유도 중력 때문입니다. 만약 중력이 없다면 우리가 바닥에서 떨어질 수도 있고, 차가 지구에서 떠밀려 나갈 수도 있습니다."
> 이러한 예시를 들면 아이들은 쉽게 중력이라는 개념을 이해할 수 있습니다.

이렇듯 쉬운 예를 넣어서 답을 해주었다. 챗GPT는 나와의 대화를 기억하고 있다. 따라서 질문에 '만유인력'이라는 단어를 다시 쓰지 않아도, 그에 관련한 질문인 것을 이해하고 답을 적절하게 해준다. 여러 번 반복해서 대화를 나눌 수도 있지만, 챗GPT와의 대화에서 첫 번째로 명확히 해야 할 것은 '목적'이다. 다시 말해서 내가 알고 싶은 것이 정확히 무엇인지를 잘 알고 질문해야 한다. 검색창의 활용과 가장 다른 부분이다. 초등학교 4학년 조카에게 "만유인력"에 대해 설명해 주려고 한다면, 검색 포털에 "만유인력"이라고 검색한 후, 나름의 공부를 하고 조카에게 설명해 주어야 한다. 하지만 나의 목적을 명확히 입력하면 챗GPT는 적합한 답을 내준다. 이 채팅이 지식 탐구인지, 과제인지, 창작물을 위한 것인지, 공식적인 보고서인지 등 목적을 먼저 명확히 해야 한다.

둘째, 역할을 부여하라. 페르소나(정체성)를 명확히 하자. 챗GPT의 역할을 설정해서 질문을 할 수 있다. 취준생이라면 "기업 임원의 입장에서 최종 면접에서 할 만한 예상 면접 질문 5개만 알려주세요"라는 질문이 가능하다. 챗GPT는 역할에 맞게 설명을 해준다. 바로 챗GPT에 페르소나를 입혀 두는 것이다.

"내연기관 자동차를 모는 운전자라면 테슬라 모델 3 전기차를 어떻게 활용하길 원할까요?", "중학교 2학년 여학생이라고 가정한다면 가족과 하와이 여행을 가서 어떤 액티비티를 하기를 원할까요?", "정치 평론가의 입장에서 2020년 미국 대통령 선거를 비판적인 시각으로 정리해 주세요" 등 역할이나 인간의 특징을 부여하면 그 조건에 맞춰 답을 한다.

같은 질문이라도 서로 다른 시각의 답변을 제공받을 수 있다. "○○○한 마케팅 방법에 대해서, 10대 남학생들은 어떻게 생각을 할까?", "○○○한 마케팅 방법에 대해서, 30대 여성, 특히 주부는 어떻게 생각을 할까?", "○○○한 마케팅 방법에 대해서, 50대 남성은 어떻게 생각을 할까?" 같은 내용에 대해서 대상에 따라 서로 다른 설명을 해준다.

셋째는 구체적으로 질문해야 한다. 나의 목적을 명확히 안다면 구체적으로 질문할 수 있다. 앞의 예시처럼 만유인력이라는 이론이 궁금한지, 4학년에게 쉽게 설명해 줄 만유인력의 사례가 궁금한지 등 명확한 목적이 있어야 한다는 것이다. 사례가 1개가 필요한지, 3개가 필요한지도 명령할 수 있다. 만약 만유인력에 대한 과제 제출을 위한 것이라면, 분량과 형식을 같이 요구할 수도 있다. '서론, 본론, 결론이 명확하게 나오도록 해서 1000자 내외'라고 분량과 형식을 알려주는 것이다. 뿐만 아니라, 다양한 정보를 함께 챗GPT에 제공한다면 더욱 좋은 답을 구할 수 있다. 분량과 형식뿐 아니라, 맥락, 배경, 예시도 함께 정보로 줄 수 있다. 과제의 예시를 모두 던져주고 "이 과제와 비슷한 형식으로"라고 명령을 할 수도 있다. 어떠한 자료를 제공해 주고, "표로 만들라"라는 요구도 가능하다.

넷째는 묻고 또 물어야 한다. 아이가 말을 배우고 가장 많이 쏟는 질문이 바로 "엄마, 이거 뭐야?"였다. 대답을 한두 번은 해주는데, 계속 물어보면 참 난감하다. 내가 답을 모를 때도 있고, 바빠서 일일이 답을 해 줄 수 없는 상황일 때도 있다. 그때 챗GPT가 있었으면 얼마나 좋았을까, 아이의 호기심에 대한 충분한 답변들을 챗GPT는 혹시 해주지 않았을까 하는 생각도 해본다.

챗GPT는 끊임없는 나의 질문에 끝없이 답한다. 묻고 또 묻는 과정에서 오히려 챗GPT는 스스로 학습을 한다. 다양한 버전의 서로 다른 답을 계속 생성해 내기도 한다.

다섯째는 하나의 주제 안에서 대화를 이어가야 한다. 챗GPT에서 계속 질문할 때는 다음 방법을 숙지하자. 챗GPT 화면 왼쪽에 나의 채팅 기록들이 보인다. 제일 상단의 'New Chat'이 하나의 단위다. 챗GPT는 이 하나의 'Chat' 묶음으로 대화를 기억한다. 과거의 대화를 보려면 그 'Chat'을 클릭해서 들어가면 된다. 챗GPT는 과거의 나와의 대화를 모두 기억하고 연결된 대화를 할 수 있다. 과거의 기억이 왜곡되거나 퇴색되어 버려 대화를 연결하기 어려울 때도 있지만 해당 'Chat' 안에서는 가능하다.

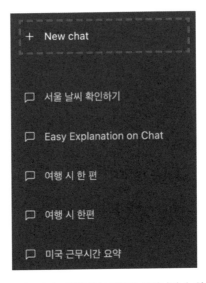

챗GPT는 단기 기억창에서 대화를 이어나갈 수 있다

따라서 현 대화와 상관없는 다른 주제를 꺼내면 챗GPT가 대화의 흐름을 잡지 못하고 혼란스러워한다. 하나의 단기 기억창에서는 동일한 주제로 대화를 이어 나가야 한다. 묻고 또 묻는 의미는 한 대화창 안에서만 가능함을 기억하자. 그렇다면 새로운 주제로 대화를 하려면 'New Chat'으로 새롭게 시작하자.

원하는 답변이 나올 때까지 계속 질문해도 챗GPT는 계속답을 해주니, 단어나 문장을 바꾸는 등 새로운 질문을 시도해 보자. 그래도 원하는 답변이 안 나오면 원하는 스타일의 예시를 제시하는 것도 방법이다. 원하는 답변이 나왔다면, 어떻게 물어봐서 원하는 답이 나왔는지 질문 스타일을 기억하는 것도 좋은 방법이다.

챗GPT와 지속적인 대화를 나누다 보면 나의 질문 패턴을 기억한다. 챗GPT가 나의 언어 패턴을 학습하는 것이다. 내가 오타를 내거나 질문을 완성하지 않고 엔터를 눌러도 챗GPT는 알아서 질문을 완성해 답변한다. 언어의 패턴을 학습한 거대 언어 인공지능이다. 나와의 대화 속에서 나의 언어 패턴을 학습한다.

챗GPT,
어느 영역까지 가능할까

◂◂

지금까지 알려진 바로는 자기소개서나 보고서 등의 다양한 글쓰기, 코딩(챗GPT가 가장 잘 하는 영역이 파이썬이라고 알려져 있다), 시장분석, 고객분석, 그 외 다양한 분석, 번역, 시, 희곡, 소설 등 예술 작품으로의 창의적인 글쓰기, GPT-4가 공개되면서 이미지를 인지하는 영역까지 사용 가능하다. 챗GPT에 어느 분야까지 사용할 수 있을지 물어봤다.

> **질문** **챗GPT를 어디에 사용할 수 있을까요?**
>
> **챗GPT** 챗GPT는 다양한 분야에서 사용될 수 있습니다. 예를 들어 아래와 같은 분야에서 활용될 수 있습니다.
>
> ⟫⟫⟫

1. **대화형 인터페이스 :** 챗GPT는 일반적인 질문에 대한 답변을 생성하는 데 사용될 수 있습니다. 이를 통해 사용자와 자연스러운 대화를 할 수 있습니다.

2. **자동 번역 :** 챗GPT는 한 언어의 텍스트를 다른 언어로 번역하는 데 사용될 수 있습니다.

3. **콘텐츠 생성 :** 챗GPT는 글, 뉴스 기사, 소설 등 다양한 형태의 콘텐츠를 생성하는 데 사용될 수 있습니다.

4. **자연어 이해 :** 챗GPT는 자연어 이해 기술의 일환으로 사용될 수 있습니다. 이를 통해 자연어로 작성된 문서를 분류하거나 키워드 추출 등 다양한 분석을 수행할 수 있습니다.

5. **기계 번역 :** 챗GPT는 기계 번역 기술의 일환으로 사용될 수 있습니다. 이를 통해 다양한 언어 간의 번역이 가능해집니다.

6. **광고 및 마케팅 :** 챗GPT는 광고와 마케팅 분야에서도 사용될 수 있습니다. 이를 통해 광고 문구 및 캠페인을 생성하거나 소비자와의 자연스러운 상호작용을 도모할 수 있습니다.

7. **의료 :** 챗GPT는 의료 분야에서도 사용될 수 있습니다. 예를 들어, 의료 기록 요약, 진단 지원, 의학 연구 등에 활용될 수 있습니다.

대화형 인터페이스

가장 기본적인 기능으로 대화형 인터페이스가 가능하다. 이미 AI 상담원은 흔히 볼 수 있다. 어떤 주제로든 대화가 가능하다. 또는 나를 대화로 위로해 주기도 한다. 나를 공감해 주는 역할은 못 하더라도, 조언은 해준다. "우울할 때 어떻게 하면 될까?"라는 질문에 다양한 방법이 있다고 알려준다. 운동하거나, 친구들과 대화하거나, 전문가와 상담을 하라는 등의 조언을 해준다. 또는 일상생활에서 궁금한 다양한 질문을 친구나 지인에게 물어보는 것처럼 다양한 주제의 대화에 대답해 준다.

여름철 전기세를 줄이는 방법, 노후에 제2의 인생을 살아가는 슬기로운 방법, 자기관리를 하는 방법 등 친구와 대화하듯, 또는 선배나 지인에게 조언을 구하는 것처럼 다양한 대화가 가능하다.

챗GPT는 자연어 처리능력으로 AI 상담이 가능하다. 하지만 모든 상담이 가능할까. 상담의 분야도 다양하게 분포되어 있는데, 간단한 정보를 주고받는 상담이라면 챗GPT도 충분히 가능하다고 본다. 사태가 심각한 컴플레인의 경우 챗GPT와 대화를 한다고 고객이 무난히 넘어가기 힘들겠지만, 심리적 상담이 요구되는 경우에 내 개인적인 이야기를 AI에게는 쉽게 이야기할 수도 있을 것이다. 영화 〈그녀Her〉에서처럼 개인비서, AI 어시스턴트에 부담 없이 이 이야기, 저 이야기 마구 털어놓는 역할을 할 수도 있다.

이처럼 챗GPT 상담원과 인간 상담원은 공존할 것이다. 인간 상담원의 경우 더욱 사람의 마음을 읽고 공감해 주는 능력이 요구될 것이다. 기본적으로 매뉴얼에 의한 상담은 AI 상담원으로 대체될 것이다.

자동 번역

챗GPT가 가장 잘하는 분야 중 하나가 바로 자동 번역이다. 해마다 다음 해의 목표를 설정하곤 하는데, 2012년 나의 목표 중 하나가 "나의 책이 여러 나라의 언어로 해외에 판매되는 것"이었던 기억이 있다. 당시 한류의 붐이 불어서였을까? 중국에 판매하는 책들을 주변에서 보게 되었고, 나도 그런 꿈을 꾸었다. 해외의 유명한 동기부여 강사들의 책이 수년간 스테디셀러가 되는 경우처럼 말이다. 일단 그런 꿈을 꾸려면 나의 책이 해외에 진출해야 한다. 나는 꿈만 꿨지 이루지 못했다.

그런데 챗GPT가 나의 꿈을 도와줄 수 있을 것으로 보인다. 꼭 해외 판매를 하드카피로 할 필요도 없다. 앞으로는 전자책으로 번역된 책을 판매하는 방법도 가능해질 것이고, 더 많은 해외 시장으로 진출하는 것이 실현될 것으로 생각된다.

영어뿐만 아니라, 전 세계 내가 알지도 못하는 다양한 언어의 번역도 가능하다. 물론 구글 번역, 파파고 등이 있었지만, 더욱 다양한 언어로 번역이 가능해 앞으로 비즈니스 분야에서도 크게 활용할 수 있을 것이다.

콘텐츠 생성

챗GPT는 다양한 콘텐츠를 생성할 수 있다. 자기소개서부터 뉴스 기사, SNS용 텍스트, 유튜브나 블로그에 올릴 글도 생성해 준다. 나는 잡지나 신문 등의 칼럼 의뢰를 종종 받는다. 내용은 나의 전문 분야지만 매번 새로운 글을 써야 하니 팩트를 기반으로 하더라도 창작의 고통이 따른다. 도입부를 어떻게 시작할지, 어떤 흐름으로 가야할지 등의 고민거리도 챗GPT의 도움을 받을 수 있다.

나는 언젠가는 꼭 소설이나 웹툰을 써보고 싶다는 생각을 했다. 대략적인 스토리는 머릿속에 있는데, 어떻게 구성을 해야 할지 잘 모르겠다. 소설 창작을 전문적으로 배운 것도 아니고 소설을 많이 읽어서 흐름에 대한 감이 있는 것도 아니다. 하지만 내가 생각한 소재들을 나열하고 챗GPT의 도움을 받아 볼 수도 있다. 이렇게 창작도 가능하다.

자연어 이해

챗GPT는 자연어 처리능력이 기본이다. 우리가 하는 말을 말 그대로 잘 알아듣는다. 어떠한 문서라도 챗GPT는 잘 읽어내려간다는 것이다. 단순히 읽는 것만이 아니라 분석과 요약, 분류 작업이나 키워드를 뽑거나 헤드라인을 작성하는 작업 등 언어 처리와 관련한 다양한 기능을 할 수 있다. 업무를 처리할 때 많은 양의 자료를 찾아내는 것 자체도 능력이지만, 많은 자료를 참고하지 못한다면 좋은 결과물을 도출하기 어렵다. 그런 면에서 챗GPT는 생산성을 지닌 충분히 훌륭한 도구다.

기계 번역

기계 번역은 인간이 사용하는 언어를 다른 언어로 번역하는 작업을 컴퓨터(기계)가 자동으로 수행하는 기술이다. 자연어 처리 분야에서 연구되고 있으며 챗GPT가 잘하는 영역 중 하나다. 기계 번역은 영상 자막, 자막 번역 등으로 활용되며, 우리가 흔히 보는 유튜브 영상의 번역이나 자막 처리는 대부분 이 기술이 사용된다.

광고 및 마케팅 영역

챗GPT는 창의적인 아이디어에 도움을 받을 수 있다. 특히 세상에 없는 마케팅 기법이라든가, 혹은 세상에 없는 광고 문구 등 말이다. 광고 마케팅 분야에서는 창의적인 아이디어 도출을 위해 브레인스토밍과 같은 아이디어 회의를 하는데 많은 시간을 투자한다. 챗GPT의 도움을 받으면, 이렇게 많이 써야 하는 시간이 절약될 것이다. 아이디어를 챗GPT에 물어본 후, 결과물을 가지고 회의한다면 훨씬 시간이 절약될 뿐 아니라, 더 좋은 아이디어를 구하는 데 기폭제가 될 것이다. 몇 명의 직원을 거쳐야 구할 수 있는 아이디어를 챗GPT 덕분에 단 몇 초 만에 인건비까지 절약해 가며 끝낼 수 있을 것이다. 대단한 마케팅 영역이 아니라도 "아빠 생신인데 50대 남성의 서프라이즈 파티 문구로 적합한 것을 추천해 주세요" 등 실생활에서도 활용할 수 있다.

의료 분야

의료 분야에 AI 기술이 활용된 것은 이미 오래전 일이며 챗

GPT로 활용하는 것 역시 가능하다. 의료 진단에 필요한 의료 문서 작성, 연구, 교육 등에 활용이 될 것이다. 또 환자의 의료 기록과 데이터를 분석해 의료 진단과 예측에 사용될 수 있다. 의료 전문가가 작성하는 문서 작성을 보조하는 데도 사용 가능하고 환자의 진단서 작성, 치료 계획, 의학 논문 등의 작성 등에도 적절하게 활용할 수 있다. 수많은 데이터를 활용해 의학 문제를 연구하고, 예측하는 데도 활용되며 이는 관련 분야의 다양한 학습자료로 사용될 수 있다. 챗GPT는 이미 미국 의사면허시험을 통과하고 의학 논문도 집필한 바 있다.

그렇다면 의료진의 역할이 줄어들 것인가? 그렇게 보지는 않는다. 챗GPT는 전문적인 평가와 치료를 대신할 수 없다는 점을 반복적으로 강조하고 전문가와의 상담을 장려한다. 하지만 웨어러블 디바이스 등 디지털 헬스케어와 기능이 결합한다면 임상 분야에서 뚜렷한 결과를 낼 수 있다는 전망이다.

몇 년 전 아버지께서 암 진단을 받고 상급병원으로 옮기는데 꽤 많은 시간이 들었다. 결국 많은 손을 쓰지 못한 채로 호스피스 병동으로 옮겨야 했는데, AI 의료 시스템이 필요한 곳에 적절히, 더 다양하게 활용된다면 지금보다는 더 많은 중증 환자들이 시기를 놓치지 않고 더 빨리 진료를 보고 처방받는 과정을 경험하게 될 것이다. 의사의 한 마디가 간절했던 그 시기가 떠오른다. AI를 적극 활용해 인간 의사의 업무를 줄여줄 수 있다면, 인간 의사와 환자와의 직접적이고 인간다운 진료 경험을 더 많이 해볼 수 있지 않을까 생각해 본다.

챗GPT의 발달과 보급으로 인간의 일자리에 변화가 올 것은 분명하다. 하지만 변화를 위기라고는 생각하지 않는다. 현재 우리가 하고 있는 일에서 챗GPT를 적극적으로 활용할 수 있는 방법을 고민하고, 챗GPT가 해내지 못하는, 나만이 가진 역량에 집중해 보자.

원하는 결과물에 다가가는
프롬프트 질문법

프롬프트는 내용물과 형식으로 이루어져 있다. 이것만 기억하면 된다. 내가 강의를 할 때도 가장 중요한 것이 내가 가진 콘텐츠, 바로 '내용'이다. 그리고 대상에 따라 전달하는 방식이 바로 '형식'이다. 학생들에게 전달할 것인지, 기업 임원들에게 전달할 것인지에 따라 같은 내용이라도 표현하는 형식이 달라진다.

챗GPT에 프롬프트 질문(명령)을 작성할 때, 내용물content과 형식format을 명확히 하면 된다. 무슨 내용이 궁금한지 그 주제가 명확해야 한다. 설명할 수 있는 주변 정보를 나열하면 더 좋은 결과물을 얻을 수 있다. 형식은 결과물의 최종 모습이다. 표 형식인지, 개조식인지, 단순 글의 나열인지 등으로 정하면 된다. "1000글자 내외로 서론 본론 결론이 보이게 해주세요"라며 구체적으로 작성해야 한다.

"나는《젊은 꼰대가 온다》라는 책을 쓴 작가로, 이 책의 참신한 마케팅 방안에 대한 아이디어를 구하고 싶다." 여기까지는 내용이다. 여기에 주변 정보들을 나열해 보자. 나는 HRD 전문가이며 최근 조직들은 세대 차이로 인한 고민이 많다. 나는 이 내용에 대해 잘 알고 그에 맞는 솔루션을 제공해 줄 수 있다. 이 정도의 정보만 줘도 챗GPT는 충분히 우리에게 답변을 해준다.

질문 나는 경제경영 도서《젊은 꼰대가 온다》를 쓴 작가입니다. 이 책의 판매를 위한 참신한 마케팅 방안에 대한 아이디어를 구하고 싶어요. 최근 조직들은 세대 차이로 인한 고민이 많습니다. 나는 HRD 전문가로 조직의 문제에 대해 잘 알고 있고, 이에 대해 적절한 솔루션을 제공해 줄 수 있습니다. 어떤 마케팅 방법을 활용해서 책 판매를 올릴 수 있을까요?

챗GPT 안녕하세요,《젊은 꼰대가 온다》의 저자님!

조직에서 세대 차이로 인한 문제가 생기는 것은 매우 일반적인 문제입니다. 따라서 이 책을 통해 조직에서 이 문제를 다룰 수 있는 해결책을 제시하는 것이 좋은 마케팅 전략이 될 수 있습니다. 이를 위해서 몇 가지 아이디어를 제시해 드리겠습니다.

1. **SNS 마케팅** : SNS를 통해 책에 대한 정보와 함께 세대 차이

로 인한 문제를 다루는 다양한 글을 올려보세요. 그리고 관련된 해결책도 함께 제시해 주세요. 이렇게 함으로써 더 많은 사람이 책에 관심을 가지게 됩니다.

2. 강의 : 조직에서 세대 차이로 인한 문제를 해결하기 위한 강의를 진행하는 것도 좋은 방법입니다. 이를 통해 세대 간의 소통을 증진하는 방법을 제시하고, 이에 대한 정보를 담은 책을 함께 소개해 주세요.

3. 인플루언서 마케팅 : 세대 간의 소통에 대한 인기 있는 인플루언서들에게 책을 소개하고 리뷰를 받아보세요. 이를 통해 더 많은 사람들 책에 대해 알게 될 수 있습니다.

4. 이벤트 : 세대 간의 소통을 다루는 이벤트를 진행해 보세요. 이를 통해 책을 소개하고 독자들과의 대화를 통해 책의 내용을 더욱 자세히 알려줄 수 있습니다.

이러한 방법들을 활용해 《젊은 꼰대가 온다》라는 책을 더 많은 사람이 알게 만드는 것이 중요합니다. 더불어, 세대 간의 소통에 대한 해결책을 제시하는 것이 조직에서 성공적인 업무를 수행하는 데 큰 도움이 될 것입니다.

포맷(형식)을 정해서 질문을 해볼 수도 있다. 예를 들어 여러 아이디어보다는 하나의 아이디어를 조금 더 구체적으로 제시받는 게 좋다면 그에 맞춰 질문을 해야 한다.

좋은 아이디어입니다. 이 중 가장 효과적인 것 하나만 예시를 들어서 설명해 줄래요?

챗GPT 물론입니다! 예를 들어 SNS 마케팅 방안 중 하나로, 인스타그램을 활용하는 것이 효과적일 수 있습니다. 인스타그램은 시각적인 콘텐츠를 중심으로 사용되는 플랫폼으로, 이미지와 동영상으로 책의 내용을 효과적으로 전달할 수 있습니다.

여기에 세대차이와 관련된 다양한 주제로 게시물을 작성해 나가면서, 책의 내용과 해결책을 소개하는 것이 좋습니다. 예를 들어, "세대 차이를 이해하고 협력하는 방법"과 같은 주제로 게시물을 작성하면, 세대 간의 소통에 대한 관심을 가진 팔로워들이 더 많이 책에 관심을 가질 수 있습니다.

또한 인스타그램 스토리 기능을 활용해서 책의 내용을 더욱 생동감 있게 전달할 수 있습니다. 스토리를 통해 책의 내용을 한 장면씩 간략하게 소개하고, 그에 대한 해결책을 함께 제시하면, 팔로워들이 더욱 책에 대한 이해도가 높아지고, 책을 구매하게 될 가능성이 커집니다.

이와 같이 인스타그램을 활용하는 SNS 마케팅 방안은 책의 내용과 이미지를 효과적으로 전달할 방법으로, 세대 차이와 관련된 내용으로 게시물을 작성해 나가면서, 더 많은 독자가 책에 관심을 가지도록 유도할 수 있습니다.

누군가는 마케팅에 활용할 정보를 구하는 방법에 대해서 질문을 할 수도 있을 것이다. "자기계발 분야에서 매출이 큰 순서로 도서 10권과 각 도서의 핵심 키워드를 알려주세요", "출판시장에서 독자들이 선호하는 주제 5개와 각각의 이유를 분석해 주세요", "수도권 지역에서 20~30대 여성들에게 매력적으로 다가갈 마케팅 기법을 3개만 사례를 통해서 알려줘."

이렇듯 내용과 조금 더 자세한 설명을 덧붙이면 더욱 적합한 답변을 제시해 준다. 형식을 정해주면 그에 맞는 답을 준다. 표로 제시하는 것, 일반적인 글로 풀어내는 것, 혹은 코딩 언어로 출력하는 것도 가능하다. 반대로 표를 입력하고 텍스트로 풀어내는 것도 가능하다. "다음은 최근 5년간 우리 직원들의 판매 실적을 연도별로 정리한 표야. 구두로 보고를 할 예정인데, 중요한 포인트를 강조할 수 있는 스크립트를 글로 써 줄래?"

그 외에 알아 두면 좋은 명령어는 다음과 같다.

└ 글로 표현해 주세요.

└ 설명해 주세요.

└ 요약해 주세요.

└ 분석해 주세요.

└ 표로 만들어 주세요.

└ 키워드를 뽑아주세요.

결과물의 언어 포맷도 설정할 수 있다. 발표를 위한 스크립트인지 아이에게 설명하는 어조인지, 또는 단순한 리포트를 위한 텍스트인지 등으로 포맷을 설정할 수 있다. 또는 유명인의 어조로 표현해 달라고 하면 그럴듯하게 흉내내기도 한다. 챗GPT를 다른 사람으로 상상을 하도록 하는 것도 가능하다. 앞서서 언급한 '페르소나'를 지정해 주는 것이다. "당신이 인사 담당자라고 생각해 주세요", "인사 담당자라고 상상해 보세요", "인사 담당자 입장이라면" 등이나 "스티브 잡스의 어조로 연설문을 작성해 주세요"처럼 유명인, 특정 직업, 성별, 연령, 등으로 목적에 맞게 페르소나를 설정해 보자.

질문은 내용과 포맷으로 이루어져 있음을 기억하자. 그렇다면 이 같은 방법은 사실 상사가 팀원에게 업무를 맡길 때도 적용해 볼 수 있다. "○○ 업무해 보세요" "아직도 몰라요? 그런 것까지 내가 일일이 말해줘야 하나요?" 이런 상황은 본인이 해당 업무에 대해서 잘 모르기 때문이 아닌가 하는 생각이 든다. 일을 지시할 때도 내가 해당 업무를 잘 알아야 하고, 챗GPT에게 질문을 할 때에도 해당 업무에 대해서 잘 알고 있어야 한다. 다시 한번 강조한다. '역량 딥다이브'다.

구체적으로 지시를 해주면 더 좋은 결과물이 나올 뿐 아니라, 시간도 그만큼 단축된다. 적어도 맨땅에 헤딩하는 일은 하지 않을 테니 아주 효율적인 업무수행 방식이 될 것이다.

어떻게 물어볼까? 프롬프트 엔지니어처럼 질문하기

챗봇의 등장으로 새롭게 관심을 받는 직업이 바로 '프롬프트 엔지니어'다. '프롬프트 엔지니어'는 프롬프트에 적합한 질문을 사용하여 최적의 결과물을 도출하는 작업을 맡는다. 수억 원대의 연봉을 제시하며 '프롬프트 엔지니어'를 채용하는 공고들이 여기저기에서 눈에 띈다. 1990년대 말에는 인터넷을 통해 필요한 정보를 빠르고 정확하게 찾아내는 직업이 있는가 하면 '인터넷정보검색사' 자격증 열풍도 불었다. 하지만 지금은 인터넷 보편화와 고도화 등으로 사실상 크게 필요성을 느끼지 못한다.

현재는 '프롬프트베이스'[1]라는 사이트 등에서 적절한 명령어를 판매하기도 한다. 언젠가는 이런 사이트나 직업이 무용지물이 될지 모르지만, 검색창을 사용할 때와 챗GPT를 사용할 때 질문이나 명령에는 확실한 차이가 있다.

챗GPT 활용 시 주의점

챗GPT의 문제점들이 잇달아 보도되고 있다. 어떤 발명품이든 신기술이든 처음부터 완벽한 것은 없었다. 사람도 마찬가지다. 태어나서 성장하는 과정을 지켜보면 무수히 많은 실수를 통해 일어서며, 걷고, 성장해 간다. 챗GPT 또한 수정과 발전이 반복될 것으로 보인다. 지금 현재 사용 시 주의점 몇 가지를 살펴보자.

첫째, 챗GPT는 실시간 정보를 반영하지 못한다. 경쟁사 챗봇 중에는 실시간 정보를 반영하는 것도 있기는 하지만 GPTGenerative Pre-trained Transformer라는 단어에서도 나타나듯 '이미 학습된' 언어모델이다. 챗GPT는 정보를 검색하는 AI가 아니라 학습된 데이터 안에서 결과물을 생성해 낸다. 즉 학습하지 못한 데이터가 있을 수도 있고, 틀린 데이터를 학습했을 가능성도 있다. 어떤 정보를 학습했는지 모르니 그 결과물을 100% 신뢰할 수는 없다.

둘째, 잘못된 결과를 언어로 만들어 낸다. 챗GPT는 언어모델이기에 가장 확률이 높은 문장을 만든다. 하지만 이 결과물의 진위를 판단할 능력이 없다. 문장은 완벽한데 거짓된 데이터를 교묘하게 섞어서 문장을 만드는 현상을 할루시네이션hallucination이라고 한다. 이 현상은 챗GPT뿐만 아니라, 많은 언어 생성 AI의 문제점으로 지적되고 있다. 공적인 신뢰를 바탕으로 하는 작업, 예를 들어 논문, 의료 기록, 보고서 등에 활용할 때는 사용하는 사람이 반드시 팩트체크를 해야 한다. 적어도 정확성을 판단하고 사용상의 책임을 질 수 있을 정도의 능력을 갖추고 있어야 한다.

셋째, 챗GPT는 언어 모델이라 언어 외의 정보에는 약하다. 챗GPT가 공개된 이후 어느 콘퍼런스에서 아주 쉬운 수학 문제를 풀어내지 못하는 모습이 논란이 된 적이 있다. 단순한 연산뿐만 아니라, 질문에 포함된 정보에 숫자가 많으면 잘못 처리하는 경우도 있다. 그래서 챗GPT가 생성해 주는 숫자 정보는 꼭 확인해야 한다.

챗GPT의 원리, 질문에 답을 내는 원리, 질문하는 방법, 한계점 등을 이해한다면 어떻게 챗GPT를 활용해야 할지 생각이 정리될 것이다. 내 업무에 적용하는 범위는 내가 정해야 한다. 업무에 도움을 받으려면 내가 해당 업무에서 최고의 경지가 되어야 더욱 적합하고, 활용가치 있는 자료를 생성해 낼 수 있음을 기억하자.

쓰기 영역

◀◀

글쓰기

우리의 일상은 글쓰기의 연속이라 할 수 있다. 각종 SNS, 이메일은 기본이고, 글을 써서 작가로 데뷔를 시켜주는 커뮤니티도 있고, 사지선다 혹은 오지선다형의 문제에 익숙하다가 대학에 들어가면 모든 과제를 '글'로 써야 한다. 글쓰기의 연속이다. 글쓰기 실력은 어떻게 향상되는 걸까? 글쓰기를 주제로 꾸준히 책을 출간하는 강원국 작가는 글쓰기에 대해 쓰고 나서 편집하면 되고, 자료를 열심히 찾고 시간을 들이고 최선을 다해 다른 사람의 의견을 들으라고 한 바 있다.

나 역시 생각이 폭풍처럼 밀려올 때는 논리나 전개를 고려하지 않고 생각나는 대로 써내려간다. 그런 후에 자료를 열심히 찾아보면서 수정을 반복한다. 지금 이 순간에도 한 문장을 쓰기 위해 논문과 책, 각종 기사를 찾아보고, 참고하고 있다. 그다음엔 다양한 분야의 사람들에게 피드백을 받아본다. 그런데 바쁜 현대인들은 한정된 시간을 마냥 투자할 수가 없기에 챗GPT를 활용하는 방법을 추천한다.

책을 선택할 때 나는 제목과 목차를 보는 편인데 특히 목차를 자세히 살펴보면 구성과 전체 흐름을 알 수 있다. 나도 책을 집필할 때는 목차를, 논문 등 전문적 글쓰기 작업을 할 때는 구성요소를 먼저 잡아놓고 시작한다. 글을 잘 쓰려면 목적에 맞는 기본적인 구성요소, 즉 '서론 – 본론 – 결론'을 잘 짜야 한다.

챗GPT를 활용해서 글을 써본다면 "○○의 내용에 대해서 서론, 본론, 결론으로 구성해서 500자 내외로 글을 써주세요" 등으로 구체적으로 명령을 하면 된다.

> 질문 **중력에 대해서 서론 본론 결론으로 500자 내외로 작성해 주세요.**
>
> 챗GPT **서론**
> 중력은 우주와 땅 위의 모든 물체에 작용하는 자연법칙으로, 물
>
> >>>

체들 사이의 상호작용을 통해 발생한다. 중력은 우주의 형성과 행성, 별, 은하의 운동을 비롯해 지구상의 모든 사물에 영향을 미치며, 인류에게 중요한 역할을 하는 자연 현상이다.

본론

중력은 뉴턴의 중력법칙에 의해 처음으로 설명되었으며, 이후 아인슈타인의 일반 상대성 이론에 따른 중력의 이해가 발전했다. 중력은 물체의 질량과 거리에 비례해 작용하며, 두 물체 사이의 질량이 커질수록 중력이 강해진다. 또한 중력은 물체가 떨어지는 가속도를 결정하는데, 지구의 중력은 약 $9.8m/s^2$로 알려져 있다.

중력은 지구상에서 많은 현상을 설명하는 데 사용된다. 먼저, 중력은 물체를 땅으로 끌어당기므로 우리가 땅에 서있을 수 있게 해준다. 또한 중력은 천문학적 현상인 달과의 조화, 행성들의 궤도 등 우주의 운동을 이해하는데 필수적이다. 또한 중력은 물체의 떨어지는 속도와 관련이 있어, 물체가 높은 곳에서 떨어질 때 속도를 예측하고 안전을 유지하는 데 도움을 준다.

결론

중력은 자연법칙으로, 우주와 땅 위의 모든 물체에 작용해 다양한 현상을 설명하고 예측하는 데 필수적이다. 뉴턴과 아인슈타인의 이론에 의해 이해가 발전되었으며, 우리 일상과 우주의 운동에 큰 영향을 미치는 중요한 자연 현상임을 알 수 있다. 중력은 우리가 살아가는 세상과 우주의 동작을 이해하는 데 꼭 필요한 개념이다.

중력에 대해서 리포트를 작성한다면, 다양한 방법으로 자료를 검색하고, 스스로 구조를 짜서 글을 써야 한다. 공부하는 과정이므로 시간을 들이는 것은 당연한 일이다. 하지만 챗GPT를 활용해 글을 쓰는 데 도움을 받기를 원한다면 다른 방법을 제안한다.

바로 글의 구조를 나누는 방법이다. 중력에 관한 기본 개념을 검색 엔진이나 책 등을 활용해 살펴본다. 그런 다음 중력에 관해 궁금한 내용을 소제목으로 구성해 보는 것이다. 예를 들어 중력의 정의, 중력 이론의 발전, 뉴턴의 업적, 중력의 쉬운 예시, 중력 발견의 의의 등을 따로 떼어 질문해 보자.

질문 **중력의 정의에 대해서 알려주세요.**

챗GPT 중력은 두 물체 사이에 작용하는 상호작용 중 하나로, 대상물체 간에 서로를 끌어당기는 힘입니다. 대표적으로 지구의 중력이 인간이나 물체들을 끌어당기는 현상이 일반적으로 알려져 있습니다. 중력은 물체들 사이의 질량과 거리에 따라 작용하며, 두 물체의 질량이 클수록, 그리고 두 물체의 거리가 가까울수록 중력이 강해집니다.

뉴턴의 중력 법칙, 또는 만유인력의 법칙으로 알려진 법칙에 따르면, 두 물체 사이의 중력은 두 물체의 질량의 곱에 비례하고, 두 물체 사이의 거리의 제곱에 반비례합니다. 수학적으로 표현하

>>>

면 다음과 같습니다.

$$F = G\frac{m1 \times m2}{r^2}$$

여기서 F는 중력의 크기, G는 중력 상수, m1과 m2는 각각 두 물체의 질량, r은 두 물체 사이의 거리를 나타냅니다.

중력은 우주의 구조와 운동, 행성의 공전 및 자전, 인공위성의 궤도, 인간의 몸의 움켜잡힘 등 다양한 현상에서 중요한 역할을 합니다. 또한, 중력은 우주와 관련된 많은 현상을 이해하고 설명하는 데에 필수적인 개념으로 사용되며, 현대 물리학의 중요한 연구 분야 중 하나인 중력 이론의 연구가 이루어지고 있습니다.

중력 이론의 발전은 어떻게 이루어졌습니까?

챗GPT 중력 이론은 과학의 발전과 연구를 통해 점차 발전해 왔습니다. 중력 이론의 발전은 크게 아리스토텔레스, 아이작 뉴턴, 알버트 아인슈타인의 세 단계로 나눌 수 있습니다.

1. **아리스토텔레스** : 아리스토텔레스는 고대 그리스의 철학자로 중력에 대한 초기 이론을 제시했습니다. 그는 물체가 자연적으로 내려가려는 경향을 보인다는 개념을 제시했고, 이를 중력의 초기 개념으로 발전시켰습니다.

2. **아이작 뉴턴** : 17세기에 활동한 영국의 물리학자 뉴턴은 중력에 대한 현대적인 개념을 처음으로 제시했습니다. 뉴턴은 1687년에 《자연 철학의 수학적 원리》라는 책에서 중력의 법칙을 발견했습니다. 이는 뉴턴의 '만유인력의 법칙'으로 알려져 있으며, 두 물체 사이의 질량과 거리에 따라 중력이 작용하는 법칙을 정확하게 기술했습니다. 이로써 중력에 대한 현대적인 개념이 처음으로 제시되었습니다.

3. **알버트 아인슈타인** : 20세기 초기에 활동한 독일의 물리학자 알버트 아인슈타인은 중력에 대한 혁명적인 이론인 일반 상대성 이론을 발표했습니다. 일반 상대성 이론은 뉴턴의 중력 이론을 보완하고, 질량이 있는 물체가 시공간의 곡률을 따라 움직인다는 개념을 도입해 더 정확한 중력의 이해를 제시했습니다. 일반 상대성 이론은 1915년에 발표되었으며, 이후 다양한 실험적 검증을 통해 확인되었습니다.

중력의 쉬운 예시를 알려주세요.

챗GPT 중력의 쉬운 예시로는 지구에서 물체가 떨어지는 현상이나 사람이 땅에 서 있는 현상이 있습니다.

1. 물체가 떨어지는 현상 : 높은 곳에서 물체를 놓으면 땅으로 떨어지는 것을 볼 수 있습니다. 이는 중력이 물체를 아래로 인력하는 결과입니다. 예를 들어 나무에서 열매가 떨어지는 것이나 사람이 높은 곳에서 물체를 놓으면 물체가 아래로 떨어지는 것이 중력의 예시입니다.

2. 사람이 땅에 서 있는 현상 : 우리가 땅에 서 있는 것도 중력이 작용하는 결과입니다. 지구의 중력은 무게를 가진 모든 물체를 아래로 끌어당기는 힘을 가지고 있기 때문에 우리가 땅에 서 있을 때도 지구가 우리를 끌어당기는 힘이 작용합니다. 이로 인해 우리는 땅에 붙어있는 것처럼 느껴지고, 걷거나 서 있는 것이 가능한 것입니다.

이와 같이 중력은 일상에서도 쉽게 관찰할 수 있으며, 물체가 떨어지는 현상이나 사람이 땅에 서있는 현상을 통해 중력의 작용을 이해할 수 있습니다.

"중력에 대해서 알려주세요"라고 물어볼 때보다 구성요소를 나눠서 물어봤을 때 더욱 답이 풍성해진다. 책의 목차를 구성하듯, 내용의 구성요소를 분해해서 챗GPT의 도움을 받아 글을 다채롭게 쓸 수 있다.

보고서 작성하기

보고서의 구성요소는 현 상황 분석 – 문제점 제시 – 해결책 제시 – 기대효과 순이 일반적이다. 구성요소를 챗GPT에 제시한 후 글을 쓰도록 명령한다면 보고서를 쓰는 방법도 눈에 보일 것이다. "보고서를 작성해 달라"도 좋지만, 각각의 구성요소를 써 달라고 한다면 더욱 풍성한 내용이 나올 것이다. 프롬프트 결과에 따라 상황에 맞게 선택하면 된다.

상황 분석을 글로 표현할 때는 간결하되 전문적이고 공적인 문어체를 사용해 글을 써야 한다. 말과 글의 차이다. 챗GPT에 현 상황에 대해서 알려줘야 한다. 가상의 상황을 설정해 보았다.

질문 **나는 초등학교 행정실 직원인데 학교 앞에 불법 주차를 하는 차량들 때문에 등교하는 학생이 위험에 빠질 때가 있습니다. 이러한 상황을 개선하고자 보고서 형식의 첫 구성요소인 '현 상황 분석' 내용을 3가지만 이야기해 주세요.**

챗GPT [보고서 형식] 현 상황 분석

1. 불법 주차로 인한 교통사고 위험 : 학교 앞에 불법 주차 차량이 많이 발생하고 있어, 이로 인해 학생들이 등교할 때 교통사고

>>>

의 위험이 증가하고 있습니다. 불법 주차로 인해 도로와 보행로가 협소해지고, 학생들이 차량과 마주치는 상황이 발생하면서 안전에 대한 우려가 커지고 있습니다.

2. 교통 혼잡으로 인한 학생들의 이동 제약 : 불법 주차로 인해 도로와 보행로가 혼잡해지고, 이로 인해 학생들의 이동이 제약될 수 있습니다. 등교하는 학생들이 도로를 횡단하는 것이 어려워지고, 이로 인해 학생들이 학교에 늦게 도착하거나, 학교에서 떠날 때도 학교 앞의 주차 문제로 인해 학업 및 교육활동에 불편을 겪고 있습니다.

3. 보행로 위의 불법 주차로 인한 학생들의 안전 문제 : 불법 주차로 인해 학교 앞의 보행로가 막혀 있어, 학생들이 도로 위로 나가야 하는 상황이 발생하고 있습니다. 학생들이 보행로를 이탈해 도로를 횡단하게 되면, 교통사고 발생 위험이 증가하고, 학생들의 보행 안전에 대한 우려가 커지고 있습니다.

위와 같은 현 상황 분석 결과, 학교 앞의 불법 주차로 인해 학생들의 등교 안전에 위험이 있고, 교통 혼잡으로 인한 학생들의 이동 제약, 그리고 보행로 위의 불법 주차로 인한 학생들의 안전 문제가 발생하고 있음을 확인할 수 있습니다. 이러한 상황을 개선하기 위해 적절한 대책과 조치를 마련해야 할 필요가 있습니다.

프롬프트에 맞춰 현황 분석을 3가지로 알려준다. 같은 질문에 새로운 답변을 계속 요구하면 더 많은 내용을 받아 볼 수도 있고 적합한 것을 내 스타일로 수정해 활용할 수 있다. 또는 상황이나 수치, 신문 기사에서 나오는 현황들을 알려준 후 객관적인 분석을 요청할 수도 있다.

보고서에서는 해결책 제시가 중요하다. 이때 아이디어를 총동원해야 한다. 챗GPT의 도움을 받아보자.

질문 **이 문제에 대해서 어떤 해결책이 있을까요?**

챗GPT 불법주차로 인한 학교 앞의 문제를 개선하기 위한 몇 가지 가능한 해결책은 다음과 같을 수 있습니다.

1. 주차 규제 강화 : 학교 주변에 불법 주차를 방지하기 위해 교통 단속을 강화하고, 불법 주차에 대한 과태료 부과 등의 강력한 조치를 시행하는 것이 필요합니다. 학교 주변에 주차 규제를 위한 표지판 및 도로 표시를 설치해, 불법 주차를 방지하고 학생들의 안전한 이동을 돕는 것이 중요합니다.

2. 학교 주변 주차 시설 확충 : 학교 주변에 충분한 주차 시설을 마련해 학부모 및 교직원들이 학교 주변에 주차할 수 있는 시설을 제공하는 것이 도움이 될 수 있습니다. 충분한 주차 시설을 마련함으로써 학부모 및 교직원들의 불법 주차를 방지하고, 학교 앞의 도로와 보행로를 뚫어 학생들의 이동을 원활하게 할 수 있습니다.

3. 학생들을 위한 보행로 개선 : 학교 앞의 보행로를 개선해 학생들이 안전하게 학교에 도착하고 떠날 수 있도록 하는 것이 중요합니다. 보행로의 폭을 확보하고, 보행로에 횡단보도와 표지판을 설치해 학생들이 보행로를 따라 안전하게 이동할 수 있도록 조치

〉〉〉

하는 것이 필요합니다.

4. 학생들에게 교통안전 교육 강화 : 학생들에게 교통안전에 대한 교육을 강화해, 학교 앞의 불법 주차와 교통 혼잡 상황에서의 안전한 이동 방법을 가르치는 것이 중요합니다. 학생들에게 교통 신호 및 횡단보도 사용법, 도로 보행에 대한 주의사항 등을 교육해 학생들의 교통안전 인식을 높이는 것이 필요합니다.

이러한 해결책들을 종합적으로 고려해 학교 앞의 불법 주차와 교통 혼잡 문제를 개선하고, 학생들의 등교 안전을 확보하는 것이 중요합니다.

꽤 괜찮은 아이디어가 제안된다. 버전을 여러 개 생성한 후 활용 가능한 해결책을 최종적으로 사용하면 되고, 마무리를 하고 싶다면 "○○ 해결책을 사용했을 때 어떤 기대효과가 있을까요?" 등의 질문으로 결말을 끌어낼 수 있다.

홍보하는 글 (보도자료)

조직의 홍보팀 업무 중 큰 비중을 차지하는 일이 보도자료 작성이다. 신제품이 출시되면 그와 관련한 홍보자료를 작성해 언론사에 배포한다. 홍보하는 글의 구성요소는 제품이나 서비스의 특징 – 장점 – 이익(혜택)이다. 제품이나 서비스의 특징은 그 제품이나 서비스 개발에 기여한 부서에서 충분히 자료를 받을 수 있다. 수많은 자료를 면밀히 살피고, 보도자료에 매력적으로 보여야 하는 부분을 효과적으로 요약해서 작성해야 한다.

챗GPT의 특징 중 하나가 요약이다. 각 부서에서 받은 제품이나 서비스의 기능을 챗GPT에 입력한다. 특징을 이야기할 때 가장 효과적인 방법은 비교를 통한 전개다. 기존 제품이나 서비스의 특징을 입력하고 그 차이점으로 부각되는 특징을 써달라고 명령한다. 이 부분이 특징에 이어 '장점'으로 표현된다. 이렇게 몇 개의 버전을 생성하면 된다. 마지막 이 제품이나 서비스로 인한 이익과 혜택을 나열하고 공적이고 매력적인 글쓰기를 요청한다.

"보고서 구성을 짜주세요" 혹은 "보도자료를 작성해 주세요"를 명령하기 전에 다양한 고민을 나눠야 한다. 좋은 글의 기본인 구성요소도 잘 알고 있어야 한다는 사실도 기억하라. 챗GPT의 등장으로 글쓰기의 고민은 끝났다고 생각하면 큰 오산이다. 글쓰기 역량을 키우려면 자료를 많이 봐야 하는데, 그 시간을 절약하고 생산성을 높일 방법으로 챗GPT을 활용해야 한다. 챗GPT를 활용 목적 없이 마구잡이로 의지하는 것은 결과의 질에 큰 영향을 미친다는 것을 기억해야 한다.

헤드라인 뽑기

보고서를 쓰든 칼럼을 쓰든 간에 '제목'이 매력적이어야 사람들 눈에 들어온다. 기사로 치면 헤드라인, 유튜브로 치면 섬네일이 될 것이다. 얼마나 매력적인지에 따라 관심도가 달라진다.

이 또한 챗GPT가 가장 잘하는 일이다. 글감을 던져주고, 다음과 같은 목적을 충분히 입력한 뒤 프롬프트 작성을 한다. "2023 ○○기업 신입사원 채용 결과 보고서 제목 10가지를 뽑아주세요", "MZ세대가 좋아할 일상 브이로그 유튜브 섬네일 제목 뽑아주세요", "○○전자 냉장고 신제품 출시 보도자료의 헤드라인을 30자 이내로 뽑아주세요" 등으로 헤드라인도 다른 프롬프트 사용과 비슷하게, 목적을 명확히 하면 더욱 적합한 헤드라인을 생성해 준다.

이메일 작성하기

많은 직장인이 출근해서 가장 먼저 이메일 확인을 할 것이다. 출근 후뿐만 아니라 업무 틈틈이 이메일 체크를 하면서 답장을 하는 것만 해도 꽤 많은 시간이 소비된다. 중요한 메일도 있지만, 간단히 회신을 확인하는 정도의 일에도 시간이 들어간다. 긴밀한 협조를 구해야 한다거나 부탁이나 사과 메일을 쓴다고 상상해 보자.

챗GPT의 주요 기능 중 하나가 바로 글쓰기이므로 이메일 작성에 활용할 수 있다. 상황을 학습시킨 뒤 어떤 목적으로 메일을 써야 하는지 챗GPT에 명령을 하자. 수정을 거듭하면 고민하는 시간을 많이 줄일 수 있을 뿐 아니라, 적합한 표현을 생성해 낼 수 있다.

예를 들어 강의를 공손하게 거절하는 이메일을 교육 담당자에게 보내야 할 때, 다음과 같이 프롬프트를 작성할 수 있다. 아주 간단한 메일일 수 있지만, 한편으로는 잠재 고객일 수 있으므로 최대한 공손한 표현을 사용해야 한다.

질문 ┃ 강의 거절을 해야 하는데 내[이름]과 [사유]를 넣어서 공손한 어
투로 이메일을 작성해 주세요.

챗GPT ┃ 안녕하세요.

저는 [이름]입니다. 강의 요청에 대해 연락주셔서 감사드립니다.
하지만 저는 현재 [사유]로 인해 해당 강의를 진행하기 어려운 상
황입니다.

실망하시겠지만 이번에는 제게 요청해 주신 강의를 진행할 수 없
는 점을 양해 부탁드립니다. 그러나 추후에 기회가 생긴다면 더
나은 강의를 제공하기 위해 노력하겠습니다.

거절 이메일을 드리는 것에 죄송한 마음이며, 다음 요청 시 최선
을 다해 도움을 드리도록 하겠습니다.

감사합니다.

[이름]

이 내용을 약간 수정해 영어로 이메일을 작성해 보겠다. 나
의 이름을 넣고, 추가로 강의 거절 사유를 넣었고, 다른 강사
를 추천하겠다는 내용도 추가해 영어로 번역을 요청했다.

질문 ┃ 안녕하세요,

저는 이민영입니다. 강의 요청에 대해 연락주셔서 감사드립니다.
하지만, 저는 현재 책 집필 작업으로 인해 해당 강의를 진행하기 어

›››

려운 상황입니다.

실망하시겠지만 이번에는 제게 요청해 주신 강의를 진행할 수 없는 점을 양해 부탁드립니다. 그러나 추후에 기회가 생긴다면 더 나은 강의를 제공하기 위해 노력하겠습니다.

죄송한 마음을 담아 다른 강사님을 추천해드리도록 하겠습니다. 이름과 연락처를 공유하겠습니다.

감사합니다.

이 내용을 영어로 번역해 주세요.

챗GPT Hello,

My name is Minyoung Lee. Thank you for contacting me regarding the lecture request. However, I am currently unable to proceed with the requested lecture due to my ongoing book writing work.

I understand that this may be disappointing, but please understand that I am unable to accept the lecture request this time. Nevertheless, I will make an effort to provide a better lecture if the opportunity arises in the future. I would like to recommend another lecturer for your consideration. I will provide their name and contact information.

Thank you.

I will do my best to help you.

Best regards,
Minyoung Lee

이렇게 영어로 이메일을 작성해 준다. 챗GPT는 대화 내용을 기억한다고 했다. 이후에 비슷한 메일에 답신을 해야 할 때, 약간의 수정을 거쳐 중복해서 사용할 수도 있다. 이메일의 답장을 성의껏 작성하지 않고, 재사용을 하는 것에 대해 불편함을 느끼는 이들도 있을 것이다. 그러나 나의 경우 굉장히 많은 메일과 SNS의 DM을 받는다. 답장을 안 해주기도 어렵고, 모두 해 주려니 시간과 에너지에 한계를 느끼게 된다. 이럴 때 챗GPT를 적절히 사용한다면 업무에 효율성을 더해 줄 것으로 생각한다.

다양한 언어로 번역하기

영어뿐만 아니라 중국어나 태국어 등 다양한 언어로 번역이 가능하다. 인공지능 언어모델은 이전의 대화 내용을 기억하고 있다. 메일 내용을 다시 언급하지 않고 "위 메일 내용을 태국어로 번역해 주세요"라고 해도 해당 언어로 번역한다.

> **질문** 위의 이메일 내용을 중국어로 번역해 주세요.
>
> **챗GPT** 您好,
>
> >>>

我叫李敏英,感谢您就讲座请求联系我。然而,由于我正在进行书写工作,我目前无法进行所请求的讲座。

我理解这可能令人失望,但请理解我这次无法接受讲座请求。

尽管如此,如果将来有机会,我会努力提 供更好的讲座。我想向您推荐另一位讲师,请提供他们的姓名和联系信息。

谢谢。

我会尽力帮助您。

李敏英上述。

질문 **위의 이메일 내용을 태국어로 번역해 주세요.**

챗GPT สวัสดีครับ,

ผมชื่อ มินยอง ลี ขอบคุณที่ติดต่อผมเกี่ยวกับคำขอบรรยายครับ อย่างไรก็ตาม ในขณะนี้ผมไม่สามารถ ดำเนินการคำขอบรรยายที่ขอได้เนื่องจากกำลังเขียนหนังสืออยู่

ผมเข้าใจว่าสิ่งนี้อาจทำให้ผู้ใช้บริการผิดหวัง

แต่โปรดเข้าใจว่าผมไม่สามารถยอมรับคำขอบรรยายในครั้งนี้ได้ อย่างไรก็ตามถ้ามีโอกาสในอนาคตผมจะพยายามให้บริการบรรยายที่ดีกว่า นอกจากนี้ผมขอแนะนำว่าคุณลูกค้าควรพิจารณาอาจารย์ผู้อื่น ๆ และผมจะให้ชื่อและข้อมูลติดต่อ

ขอบคุณครับ

ผมจะพยายามช่วยเหลือคุณอย่างเต็มที่

ขอแสดงความนับถือ,

มินยอง ลี

비즈니스 이메일 작성

시중 서점에 가면 영문 비즈니스 이메일 작성 방법에 관한 책
이 굉장히 많다. 영어라는 외국어가 어렵기도 하지만, 표현상
의 어려움은 더욱 크다. 격식을 차려야 하는 상황이거나 어려
운 이해관계일 때는 우리말이라도 단어 하나, 표현 하나가 신
경 쓰인다. 외국어라면 혹여나 비즈니스에 어떠한 영향을 미
치지나 않을까 걱정스럽다. 이 부분도 물론 챗GPT에 도움을
구할 수 있다.

우선 챗GPT에 "당신은 이메일 첨삭을 전문적으로 하는 사
람입니다"라고 역할을 부여하자. 다음은 한국어 이메일 원문
을 넣고, 원하는 언어와 스타일을 지정한다.

당신은 이메일 첨삭을 전문적으로 하는 사람입니다. 다음

은 거래처에 쓸 메일입니다. 격식에 맞는 비즈니스 영어로 다시 작성해 주세요.

거래처에 영어로 이메일을 보내야 합니다. 캐주얼하지만 예의에 어긋나지 않게, 그리고 중요한 부분이 잘 보이도록 개조식으로 표현을 해주세요.

영문 비즈니스 이메일이나 영문 자기소개서, 영문 이력서 모두 작성할 수 있기에 몇몇 샘플을 보여주는 책보다, 내가 가진 콘텐츠를 직접 첨삭해 주거나 여러 언어로 번역이 가능한 AI를 사용하는 것이 활용 면에서 더 낫다.

동기부여 메일을 작성해야 할 때

예를 들어 팀원이 퇴사를 고민하는 것을 알게 되었다고 치자. 연차를 써서 현재 출근을 하지 않는 상황이다. 전화보다는 메일로 해당 직원에게 동기부여를 해주고 싶다면 다음과 같이 시도해 볼 수 있다.

나는 HRD 부서 매니저인데, 팀원이 직장생활에 흥미를 느끼지 못하고 퇴사를 고민하고 있습니다. 이 직원에게 동기부여할 수 있는 이메일을 써 줄 수 있을까요?

챗GPT 안녕하세요,

당신의 직원이 퇴사를 고민하고 있다는 것은 상황이 심각하다는 것입니다. 하지만 효과적인 동기부여 전략을 사용해 그들이 회사에 머무르고 성장할 수 있도록 지원할 수 있습니다.

다음은 직원을 동기부여할 수 있는 이메일의 예시입니다.

제목 : 우리 회사에서의 미래를 함께 만들어 보세요!

안녕하세요.

나와 함께 일하고 있는 당신이 회사에서 퇴사를 고민하고 있다는 것을 듣고 매우 안타깝습니다. 나는 당신이 우리 회사에서 자신의 능력을 발휘할 수 있다는 것을 믿고 있습니다. 이제 당신이 진정으로 이 회사에서 성장하고 발전하길 원한다면, 이메일을 꼭 읽어주세요.

당신의 역량과 경험은 우리 회사의 성장을 이끄는 데 큰 역할을 할 수 있습니다. 무엇보다도 당신이 우리 회사에서의 업무에 흥미를 느끼지 못하는 것은 저희에게 큰 문제입니다. 그래서 나는 당신과 함께 이 문제를 해결하고자 합니다.

우리 회사는 업계에서 선도적인 기업으로 성장하고 있습니다. 우리는 항상 혁신을 추구하며, 우리 팀원들이 자신의 능력을 최대한 발휘할 수 있도록 지원합니다. 또한 우리는 직원들이 자신의 능력을 향상시키고, 새로운 기술과 지식을 습득할 수 있는 교육과 교육 지원을 제공합니다.

당신이 우리 회사에서 발휘할 수 있는 능력과 역량, 그리고 우리

>>>

회사에서 제공하는 교육과 지원을 이용해 더욱 전문성을 높이고, 더욱 성장할 기회를 만들어 보세요. 당신의 능력과 열정은 우리 회사의 성장에 큰 도움이 될 것입니다.

더불어, 당신이 직면한 어려움이 무엇인지 이메일이나 면담을 통해 상세히 이야기해 준다면, 우리는 함께 당신의 문제를 해결해 나갈 수 있을 것입니다. 이 회사에서의 성장을 위한 다양한 기회가 많이 있습니다.

메일 내용을 살펴보자. '당신의 퇴사는 안타깝다. 당신의 역량이 우리 회사의 성장을 이끈다고 생각한다. 당신이 직장에 흥미를 느끼지 못하는데, 나는 이 문제를 해결하고 싶다. 우리 기업은 어떤 회사다. 이곳에서 당신은 더욱 성장할 수 있다. 당신의 어려움을 공유하면 좋겠다.'

단어의 사용이나 문장은 건조하지만 글의 흐름은 적절하다. 나만의 단어로 수정하고, 우리 조직 상황에 맞게 도와줄 방법을 추가한다면 훌륭한 이메일이 될 것이다.

또 챗GPT에 여러 버전을 요청할 수 있다. 검색창 바로 위에 'Regenerate response'를 클릭하면 다른 버전을 보여준다. 이 내용에서 도출된 2번째 버전은 내용이 전혀 다르다.

챗GPT 안녕하세요,

제가 이메일을 작성하는 데 도움을 드릴게요.

제가 이해하기로 당신의 직원이 직장생활에 흥미를 느끼지 못하고 퇴사를 고민하고 있다는 말씀이시죠. 이는 매우 중요한 문제입니다. 그러나 다행히도 이 문제를 해결하는 데 도움이 될 수 있는 몇 가지 방법이 있습니다.

첫째로, 당신의 직원이 회사에서 어떤 일을 하고 있는지, 그리고 그 일이 회사에 미치는 영향이 무엇인지에 대해 다시 한번 이야기해 주세요. 때로는 회사의 전반적인 목표를 이해하지 못해 직원들이 일에 대한 의미를 느끼지 못할 수 있습니다. 회사 목표와 직원들의 역할에 대한 이해가 깊어질수록, 직원들이 자신의 일에 대해 더욱 흥미를 느낄 수 있습니다.

둘째로, 당신의 직원이 개인적으로 관심을 가지는 분야나 프로젝트가 있는지 물어보세요. 그리고 그 분야나 프로젝트를 향해 나아가기 위한 교육 혹은 교육을 받을 기회가 있는지 살펴보세요. 직원들은 스스로 발전하고, 자신이 관심 있는 일을 할 때 더욱 열정적으로 일할 수 있습니다.

셋째로, 당신의 직원들이 회사에서 느끼는 성취감을 인정하고 축하하는 것이 중요합니다. 인정과 축하는 직원들이 더욱 흥미를 가지고 일할 수 있는 동기 부여 요소 중 하나입니다.

넷째로, 당신의 직원들에게 더욱 긍정적인 분위기를 조성해 보세요. 팀원들 간의 친밀감을 높일 수 있는 행사나, 새로운 아이디어나 의견에 대해 열린 마음으로 듣는 것이 좋습니다.

어떻게 하면 퇴사하려는 직원에게 도움이 될지 이메일 형식이 아니라 개조식으로 보여주고 있다. 퇴사하려는 사원에게 어떻게 동기부여를 할지, 무슨 말로 설득할지 조언을 구할 데가 마땅치 않으면 이제는 '챗팀장'에게 물어보는 방법도 있다.

긴 문서 요약하기

긴 문서나 긴 이야기를 요약해야 할 때 '나는 왜 조리 있게 말을 하고, 글을 쓰지 못할까?'라고 생각할 때가 종종 있을 것이다. 논리력과 이해력이 갖춰져 있어야 한다. "정리해서 한마디로 이야기해 줄래요?", "이 안건에서 중요한 것 3개만 말해볼래요?" 같은 말을 우리는 상사에게 가끔 들었던 기억이 있을 것이다. 직장인이 수행하는 많은 업무가 요약정리다. 말로 요약을 해야 할 때도 있고, 글로 요약문을 작성해야 할 때도 있다. 다양한 글을 읽고 나름의 인사이트를 뽑아내는 데도 요약 기술이 필요하다. 시간이 무한정으로 있다면 많은 자료를 반복해서 읽는 과정에서 요약정리를 논리정연하게 할 수 있겠지만, 효율성을 위해 챗GPT의 도움을 받을 수도 있다.

긴 문서를 요약하는 방법이 있다. 현재 챗GPT 자체에 PDF

를 업로드할 수는 없지만 'AI코디네이터 서비스'라고 하는 챗GPT닷컴에 PDF를 업로드할 수 있다. 또 마이크로소프트의 '빙챗'은 PDF 문서를 분석할 수 있다. 100쪽 정도의 분량은 거뜬하게 해낸다. 예를 들어 "다음 문서를 5쪽 분량으로 줄여주세요"라거나 조금 더 구체적으로 "○○ 내용으로 기획서를 작성할 예정인데, 기획서 현황 분석 부분에 사용할 내용을 요약해 주세요" 등으로 명령하면 된다.

취업을 위한 면접을 볼 때도 주어진 시간에 나를 잘 어필해야 한다. 늘 주어진 시간 내에 나를 표현해야 한다. 사람들의 집중력에는 한계가 있어 이야기가 길어지면 듣지 않게 된다. 그런데 이렇게 긴 분량을 줄여주는 역할을 챗GPT에게 맡겨볼 수 있다.

창작하기(SNS, 블로그 등)

챗GPT를 비롯해 수많은 AI 프로그램이 이미 넘쳐난다. 챗GPT는 일반인이 사용하기 편하게 개발되었고, IT 전문가들은 다양한 프로그램을 서로 연동시켜 콘텐츠가 자동으로 생성되도록 활용하기도 한다. 관련 내용은 유튜브에 조금만 검색해 보면 콘텐츠가 넘쳐난다. 단 몇 분만에 블로그에 수십 개의 글을 포스팅할 수 있는 프로그램과 관련 방법들을 잘 안내해 주고 있다. 하지만 누구나 그 프로그램들을 쉽고 자유롭게 사용할 수 있는 건 아니다.

코딩 붐이 일고, AI가 우리 일상에 없는 곳이 어디인지 찾는 게 더 힘들 정도가 되었지만, 그 알고리즘을 속속들이 잘 아는 사람은 그렇게 많지 않다. 나는 1년에 6만 킬로미터를 운전하고 25년간 무사고 운전자지만 자동차의 기계설계는 기본적인 것 말고는 잘 모르는 것과 비슷하다. 언젠가는 우리가 모르는 많은 프로그램을 워드나 파워포인트 다루듯이, 혹은 지금의 챗GPT를 다루듯이 쉽게 다룰 수 있는 툴이 분명히 개발될 것이다. 우리는 그 전까지 내가 활용할 수 있는 최대치를 활용하도록 하자.

나는 늘 나의 직업 안에서 경험한 이야기를 웹툰이나 웹소설로 재미있게 풀어내고 싶은 생각을 품고 있다. 이런 창작 영역에도 챗GPT를 활용할 수 있다.

마스크 착용 의무가 전면 해제되고 이제는 대면 교육으로 전환되었다. 전국으로 출장을 다니며 벚꽃을 원 없이 보았을 때 꽃 사진을 찍어 SNS에 멋진 글을 올려보고 싶은 마음이 들어, 당시 챗GPT의 도움을 받았다.

질문 **벚꽃을 주제로 시 한 편 작성해 주세요.**

챗GPT 벚꽃이 피는 봄이 왔다

하얀 꽃들이 나무 위에 피어

그대와 함께 걸으면

마치 하얀 양털을 껴안는 듯한 기분이 들어

벚꽃아, 너의 아름다움에 빠져

시간을 잊고 살고 싶다

너의 꽃잎이 바람에 흔들리는 모습은

나에게 평화로움을 선사해 준다

벚꽃아, 이제는 얼마 남지 않았다

그러니 나는 너와 함께

시간을 멈추고 여유롭게 살고 싶다

너의 아름다움이 지나가기 전에 나는 꼭 그 순간을 간직하고 싶다

벚꽃아, 다시 만나기를 기대하며 나는 너의 아름다움을 노래하리

그대와 함께 걷던 그 길 위에 다시 한번 피어나길 기대해 본다

멋진 시 한 편을 만들어 낸다. 벚꽃 사진과 함께 나의 출장 길을 인스타그램에 올리고 싶지만 감성적인 글쓰기가 어렵다면 챗GPT에 부탁해 보자. 어떻게 해시태그를 달아야 하는지도 알려준다. 다양한 SNS를 비롯해 블로그, 유튜브의 영상 소

개글 모두 가능하다.

> **질문** 벚꽃을 주제로 인스타그램에 올릴 짧은 글 하나 써주세요.
>
> **챗GPT** 벚꽃이 피면 봄이 왔다는 것을 느끼게 됩니다. 그 매력적인 분홍빛 꽃잎이 바람에 흔들리면서 노래하는 듯한 느낌은 참 아름답습니다. 봄을 맞이해 벚꽃 구경을 하며 새로운 시작을 다짐해 보는 건 어떨까요? #벚꽃 #봄 #새로운시작

AI를 활용해 자동으로 글을 업로드할 수 있는 방법까지는 몰라도 이 정도는 누구나 활용할 수 있을 것이다. 나도 출연한 방송을 모아두는 용도로 유튜브 채널을 운영하고 있다. 영상을 올리고 섬네일을 만드는 것도 쉽지 않지만, 영상의 소개글을 쓰는 것은 더 어렵다.

이럴 때 영상을 설명한 다음 간단하게 소개하는 글을 써 달라고 할 수 있다. 나는 이 글을 그대로 가져오기보다는 나름 수정하고 정리한다. 시간도 절약될 뿐 아니라 AI가 체계적으로 정리한 글을 사용할 수 있다.

프롬프트
질문 리스트

 # 기획서　**# 프로젝트**　**# 사업 계획서**

[질문] 기업 소개가 왜, 얼마나 중요할까요?

[질문] 기업 소개서를 만들 때, 어떤 항목을 사용하면 될까요?

[질문] 기업의 산업군_IT, 유통, 서비스, 전자 등의 소개를 할 때, 어떤 항목을 넣어야 할까요?

[질문] 이 소개 항목 중 가장 중요한 항목은? 같은 산업군의 예시를 보여주세요.

[질문] 투자를 받을 목적일 때 가장 중요한 요소는 무엇일까요?

[질문] 투자를 하는 입장에서 가장 중요하게 검토해야 하는 부분을 5가지로 정리해서 보여주세요.

[질문] 대형마트에 방문하는 고객이라고 상상했을 때, 어떤 부분을 가장 중요하게 살펴볼까요?

질문 사업계획서, 프로젝트 보고서 등을 작성할 때 도움을 받을 수 있는 사이트를 알려주세요.

질문 기업 소개서에 통계 자료를 넣고 싶은데 도움을 받을 수 있는 사이트 주소를 알려주세요.

질문 위에서 설명한 기획안을 만들 때, 효과적으로 사용할 수 있는 스토리텔링(사례)은 무엇이 있을까요?

질문 기획안(프레젠테이션)을 마무리할 때, 클로징 멘트를 10가지 뽑아주세요.

질문 프로젝트 매니저가 기획안 설계에 직접 챙겨야 하는 부분은 무엇이 있을까요?

질문 ○○ 산업군의 다양한 사례를 참고할 수 있는 사이트를 알려주세요.

질문 다른 기획안을 참고하려고 하는데, 다양한 마케팅 기획안 레퍼런스(샘플)를 볼 수 있는 사이트를 5가지 알려주세요.

질문 ESG 경영 철학을 담을 수 있는 기획안 아이디어를 10가지로 알려주세요.

질문 ESG 경영 철학에 관한 다양한 사례가 있다면 무엇일까요?

질문 이 글을 보고서 형식의 문체로 바꿔주세요.

프롬프트
질문 리스트

 # 마케팅　　　**# 홍보**

질문　해당 제품의 장점과 단점을 5개씩 제시해 주세요.

질문　해당 제품의 SWOT 분석을 해주세요.

질문　(특징, 고객 등의 정보를 제시한 뒤) 신제품의 이름을 지어주세요.

질문　해당 산업군(IT, 전자, 서비스, 교육 등)의 시장 규모를 그래프로 정리해 주세요.

질문　우리 산업군의 매출 순서를 10위까지 알려줘.

질문　1~3위에 해당되는 기업의 특징을 분석해서 표로 제시해 주세요.

질문　해당 산업군 전체의 5년간 매출 변화 추이를 알려주세요.

질문　우리 산업에서 소비자들의 특징을 알려주세요.

질문　소비자들의 취향 변화에 관한 10년간의 데이터를 1년 단위로 알려주세요.

질문 우리 산업군의 제품 선호도를 인구통계학적 분포로 분석해 주세요.

질문 우리 산업군에서 신제품의 성공사례, 실패사례를 알려주세요.

질문 위의 사례에서 성공요소와 실패요소를 알려주세요.

질문 홍보 전략에서 가장 성공적인 사례와 이유를 제시해 주세요.

질문 만약 경쟁사에서 이와 같은 제품을 출시한다면 우리 기업은 어떤 전략을
펼쳐야 할지 리스트 5개를 제시해 주세요.

질문 경쟁사의 SWOT 분석을 해주세요.

질문 고객 앙케이트(설문) 조사를 위한 가장 효과적인 방법을 알려주세요.

질문 효과적인 결과를 위한 설문조사 질문을 10개만 만들어 주세요.

질문 앙케이트(설문) 조사 결과를 보고서에 어떻게 활용할지 알려주세요

질문 설문조사 결과를 바탕으로 A4용지 2장 분량으로 보도자료를 작성해 주세요.

질문 위의 보도자료를 SNS 업로드용으로 5줄로 요약해 주세요.

질문 신제품 보도자료를 보고 유튜브 섬네일 제목을 5개 뽑아주세요.

질문 이 제품의 정보를 해외 판매사에게 보낼 영문 이메일을 작성해 주세요.

질문 전자제품을 무료로 홍보할 수 있는 해외 사이트를 알려주세요.

프롬프트
질문 리스트

 # 개발　　**# R&D**

질문　해당 산업군에서 가장 참고할 만한 신기술은 현재 무엇이 있을까요?

질문　그중 도움이 될 만한 신기술은 무엇인가요?

질문　해당 신기술과 관련한 소비자 반응을 데이터로 알려주세요.

질문　해당 신기술과 관련한 논문이나 칼럼 링크를 10개만 뽑아주세요.

질문　원가 절감을 위한 아이디어로 참고할 만한 글로벌 사례를 5개만 제시해
　　　주세요.

질문　신제품의 특성과 시장의 반응, 고객의 동향을 분석해서, 후속 상품 아이
　　　디어를 제시해 주세요.

프롬프트
질문 리스트

 # HR　　**# 조직문화**

질문 최근 채용 트랜드를 알려주세요.

질문 이런 채용 트랜드를 잘 따라가는 기업의 예를 들어주세요.

질문 미국의 경우 채용 트랜드가 어떻게 변화되고 있는지 최근 10년간의 변화를 설명하고, 예시를 들어주세요.

질문 AI 시대에 어떤 조직문화가 선호될까요?

질문 '소통'을 주제로 캠페인을 하려고 합니다. 글로벌 기업 사례 10개만 알려주세요.

질문 우리 회사는 보수적이고 권위적인 문화가 있습니다. 이 문화에 변화를 주기 위해 HR 부서에서 해야 할 업무는 어떤 것들이 있는지, 한국의 사례 3개, 글로벌 기업의 사례 3개를 알려주세요.

질문 ○○ 직무에 경력직 사원을 채용할 계획입니다. 3~5년의 경력, 관련 전공자, 그리고 우리 조직문화와 잘 부합되는 인재였으면 하는데, 이 내용으로 채용공고를 작성해 주세요.

질문 MZ세대가 선호하는 기업 문화는 어떤 것이고, 비슷한 조직의 예를 5가지 제시해 주세요.

질문 신입사원 채용 후 교육을 해야 하는데, 좋은 프로그램 설계를 해주세요.

질문 기업이 잘 운영되려면 인력 관리를 어떻게 해야 할까요?

질문 (R&D, 마케팅 부서 등) 인력을 채용하고 유지하는 데 중요한 요소는 무엇일까요?

프롬프트
질문 리스트

 # 원하는_결과물을_위한_명령어

질문 다음 내용을 표 형식으로 제시해 주세요.

질문 개조식으로 나열해 주세요.

질문 서론, 본론, 결론이 보이게 작성해 주세요.

질문 초등학교 1학년 아이가 알아들을 수 있는 쉬운 사례로 써주세요.

질문 이모티콘을 사용해서 감성적인 글로 써주세요.

질문 (글자 수) 500자 내외로 써주세요.

질문 스토리텔링을 넣어서 쉽게 작성해 주세요.

질문 발표를 위한 구어체로 다시 작성해 주세요.

프롬프트
질문 리스트

이메일_쓰기

질문 이메일 잘 받았다는 확인 메일을 간단하지만 친절하게 작성해 주세요.

질문 수락에 대한 감사 메일을 써주세요.

질문 거절하는 메일을 공손하게 써주세요.

질문 동기부여해 줄 수 있는 감성적인 어조의 메일을 써주세요.

질문 퇴사를 할 예정입니다. 전 직원에게 퇴사 소식을 알려줄 메일을 작성해 주세요.

질문 진급 축하 메일을 쓸 건데, 축하 멘트 10가지를 뽑아주세요.

질문 보도자료를 바탕으로 기자들을 대상으로 한 콘퍼런스 초대 메일을 작성해 주세요.

질문 이메일을 비즈니스 고급 영어로 다시 작성해 주세요.

OKR 성과관리 영역

직장생활은 성과로 가치를 평가받는다. 팀원 입장에서는 성과로 나를 증명할 수 있고, 팀장은 팀원들이 최대치의 성과를 올릴 수 있도록 리더십을 발휘해야 한다. 팀원들의 성과의 총합이 곧 팀과 팀장의 성과이며, 조직 전체의 성과로도 연결된다.

　기업에 교육을 들어가면, 교육 담당자의 성과는 내 성과(강의 평가)와 연결된다. 내가 받은 강의평가는 나를 섭외한 교육 담당자의 성과와 연결되고, 해당 팀의 성과이자, 조직의 성과로 연결된다. 때문에 서로 최상의 성과를 낼 수 있도록 최선을 다한다. 내가 매번 강의에 최선을 다하는 것은 단지 나의 일이어서가 아니라 나와 연결된 수많은 사람의 성과와 연결되어 있다는 것도 중요한 이유로 작용한다.

성과는 단지 개인의 성과만을 의미하는 게 아님을 기억하자. 그렇다면 챗GPT 시대에 성과관리는 어떻게 해야 할까? 일반적으로 조직 내에서 활용하고 있는 성과관리 기법은 KPI Key Performance Indicator(핵심성과지표)와 OKR Objectives Key Result(목표 및 핵심 결과)이다.

KPI 활용법

KPI란 핵심적인 성과지표를 정하고 가중치와 달성 정도를 평가하는 방법이다. 특정 목표를 달성하기 위해 성과와 관련한 사항들을 측정하는 지표를 말한다. 기업의 예를 들어보자. 기업이 매출 증가를 목표로 한다면 매출액으로 확인할 수 있는 재무적 성과가 가장 큰 평가 요소가 될 것이다. 매출에 영향을 주는 마케팅과 관련한 내용(마케팅 횟수, 마케팅 교육, 고객 만족도 등), 혁신적인 성과에 대한 평가(신제품이 차지하는 비율 등), 그리고 개인의 성장과 관련한 평가 등으로 이루어진다.

교육팀의 성과를 예를 들어보자. 더 좋은 교육을 개발하고, 더 많은 교육생의 참여를 이끌고, 더 높은 강의 평가가 나오도록 하는 내용 등이 해당될 것이다. 사내 강사로서의 활동, 혹은 논문을 작성하거나 학회 참여 등도 평가항목이 될 수 있다. 그렇다면 교육팀 팀원들은 각자가 맡은 업무가 성공적으로 진행되도록 열과 성을 다할 것이다. 높은 참여도를 이끌지 못했다면, 다음 분기에는 어떤 교육을 개발할지, 교육 홍보는 어떻게 할지, 더 많은 교육생을 이끌기 위해 어떤 유인책을 사용할지 등등을 고민하게 될 것이다. 기업마다 다르지만, 보통 1년에 1회, 혹은 2회 정도 평가를 한다.

OKR 활용법

OKR은 미국의 투자자이자 벤처 캐피털리스트 존 도어에 의해 인텔에서 처음 시작된 성과관리 기법이다. 인텔을 시작으로 구글을 비롯한 실리콘밸리 기업으로 확대되어 활용되고 있다. OKR은 목표objectives, 즉 우리가 실행하고 싶은 일을 뜻하며, 핵심 결과key results 지표는 그 목표를 달성했는지를 알 수 있는 척도를 말한다. 휴렛팩커드 엔지니어 출신 마티 케이건은 OKR의 2가지 원칙을 다음과 같이 설명한다.

첫째, 사람들이 일을 최고로 잘하도록 동기를 부여하는 방법에 관한 것, 둘째는 성과를 의미 있게 측정하는 방법에 대한 것이라고 했다. OKR의 가장 중요한 핵심은 '목표'와 '핵심 결과'다.

목표를 이루기 위한 핵심 결과, 다시 말하면 '목표 달성' 여부를 확인할 수 있는 다양한 결과치가 바로 '핵심 결과'라는 것이다. 목표를 정해두고 무작정 그 목표가 달성되기를 기대하는 건 참 무책임한 태도라 할 수 있다. OKR은 해당 목표의 성취를 확인할 수 있는 핵심 결과 지표를 같이 설정하는 것이다. KPI는 핵심적인 성과만을 평가한다. 이 부분이 KPI와 OKR이 차별화되는 부분이다. 이때 챗GPT를 활용한 OKR 적용 방법을 알아보겠다.

어느 제조회사의 교육부문 팀장의 목표는 '영업팀이 목표를 달성하도록 돕는 것'이라고 가정해 보자. 영업팀의 목표는 아마도 매출일 것이다. 이를 달성하기 위한 '핵심 결과'는 무엇일까? 목표 매출을 달성하는데, 교육팀은 어떤 핵심 결과를 설정하고 실행하면 될까?

핵심 결과는 영업팀의 목표를 달성하도록 도와줘야 하고, 교육팀의 성과로도 연결되어야 한다. 교육팀의 성과는 교육팀의 기여로 영업팀의 목표 달성을 이루었다는 것을 알 수 있어야 한다. 일반적인 목표 설정이라면, '매출 ○○○○○ 달성'이 될지 모른다. 그런데 OKR은 세부적인 행동이 조금 더 명확하게 드러나야 한다. 물론 회사의 규모가 크다면 OKR 코치와 함께 나름의 프로세스로 진행을 하면 된다. 그런데 개인이 스스로 목표 관리에 적용해 보거나, 처음 활용을 하게 되면 쉽지 않다. 이때 챗GPT를 활용하는 방법도 있다. 조직의 큰 목표뿐만 아니라, 개인의 목표 설정에도 아주 잘 적용될 수 있다.

질문 **나는 회사에서 교육팀 팀장을 맡고 있습니다. 내 목표는 영업팀이 목표를 달성하도록 돕는 것입니다. OKR 기법을 활용한다면, 어떤 핵심 결과를 활용하면 좋을까요?**

챗GPT OKRObjectives and Key Results은 목표Objectives와 핵심 결과Key Results를 중심으로 하는 성과관리 방법론입니다. OKR을 활용해 영업팀이 목표를 달성할 수 있도록 돕기 위해서는 다음과 같은 핵심 결과를 설정할 수 있습니다.

1. 신규 고객 확보 : 영업팀이 새로운 고객을 확보하는 데 초점을 맞춘 핵심 결과를 설정할 수 있습니다. 이를 위해 구체적인 수치 목표를 설정하고, 이를 달성하기 위한 액션 플랜을 수립합니다.
2. 기존 고객 유치 : 기존 고객을 유지하고 확대하기 위한 핵심 결과를 설정할 수 있습니다. 이를 위해 현재의 고객만족도를 파악하고, 개선할 필요가 있는 부분을 발굴합니다. 그리고 이를 바탕으로 고객 만족도를 높이는 액션 플랜을 수립합니다.
3. 제품/서비스 개선 : 제품 또는 서비스를 개선해 고객 만족도를

높이고, 판매량을 늘리는 핵심 결과를 설정할 수 있습니다. 이를 위해 제품 또는 서비스의 현재 문제점을 파악하고, 이를 해결하는 방법을 찾습니다. 그리고 이를 바탕으로 제품/서비스 개선 액션 플랜을 수립합니다.

4. 효율적인 영업 활동 : 영업팀이 효율적인 영업 활동을 수행하도록 돕는 핵심 결과를 설정할 수 있습니다. 이를 위해 영업 프로세스를 분석하고, 효율적인 프로세스를 구성하는 방법을 찾습니다. 그리고 이를 바탕으로 영업 프로세스 개선 액션 플랜을 수립합니다.

위의 핵심 결과를 설정해 OKR을 수립하면, 목표를 달성하기 위한 구체적인 방향성을 제시할 수 있고, 영업팀이 목표를 달성하는 데 도움이 될 것입니다.

여기서 내가 교육팀의 팀장이라는 것을 조금 강조해 보겠다. 영업팀의 목표뿐 아니라, 교육팀의 목표도 달성해야 하므로 나의 역할에 초점을 맞춰서 다시 질문해 보았다.

질문	위의 영업 목표를 달성하기 위해 교육팀에서 어떤 교육을 제공하면 될까요?
챗GPT	영업 목표를 달성하기 위해서 교육팀에서 제공해 줄 수 있는 교

육은 다음과 같습니다.

1. 제품/서비스에 대한 전문성 강화 : 제품/서비스에 대한 전문성을 높이기 위한 교육을 제공합니다. 제품/서비스의 특징, 용도, 장단점 등을 이해하고, 이를 활용해 고객의 요구에 부합하는 솔루션을 제시하는 능력을 향상시킵니다.

2. 영업 기술 개발 : 영업 기술을 개발하고 향상시키기 위한 교육을 제공합니다. 예를 들어 고객 발굴, 프로젝트 관리, 커뮤니케이션 등의 역량을 강화하는 교육을 제공할 수 있습니다.

3. 고객 만족도 향상 : 고객 만족도를 높이기 위한 교육을 제공합니다. 고객 상담, 문제 해결, 불만처리 등의 역량을 향상시켜 고객 만족도를 높일 수 있도록 돕습니다.

4. 데이터 분석 및 활용 : 데이터 분석 및 활용 역량을 향상시키는 교육을 제공합니다. 영업 데이터 분석 및 활용 방법을 배우고, 이를 토대로 판매 전략 수립, 매출 예측 등에 활용할 수 있도록 지원합니다.

5. 리더십 개발 : 리더십 역량을 향상시키기 위한 교육을 제공합니다. 리더의 역할과 책임, 효과적인 팀 관리 방법 등을 배우고, 팀원들의 역량을 발전시키는 데 도움이 되는 리더십 스킬을 강화합니다.

위의 교육 프로그램을 통해, 영업팀 구성원들의 역량을 향상시키고, 고객 만족도를 높이며, 데이터를 활용한 판매 전략 수립 등의 능력을 강화할 수 있습니다.

교육팀의 성과를 '매출'로만 연결지어서 본다는 건 참 맥 빠지는 일이다. 목표 달성을 위해 취했던 다양한 행위에 대해서도 의미 있는 평가가 이루어져야 한다. 예전 어느 종합병원의 직원 교육을 대대적으로 진행한 적이 있었다. 전국 종합병원 대상으로 고객만족도 조사를 한 결과, 해당 병원이 최하위 수준을 기록했는데 이를 개선하기 위해 전 직원의 교육 목표는 '고객만족도 올리기', 나의 교육 목적도 '고객만족도 올리기'에 집중했다. 그런데 한 번의 교육만으로 바로 고객 만족도가 올라가는 건 쉽지 않다. 즉각적인 결과가 나오지 않자 교육을 중단시킨 경험이 있다.

만약 OKR을 활용해 '고객만족도 올리기'라는 목표와 함께 핵심결과 지표를 설정했다면 '교육 참여도', '강의평가', '직원들의 변화된 인식도' 등에서 긍정적이고 의미 있는 평가가 가능했을 것이다. 하나의 결과로 단정 짓는 것이 아닌, 긍정적인 행위를 반복적으로 도출하기 위한 평가 기법이다.

나는 종합병원의 직원 교육을 담당하는 교육담당자입니다. 우리 병원의 고객만족도를 올리기 위한 교육을 실시하는데 OKR 기법을 활용해서 어떤 핵심 결과를 설정하면 될까요?

고객 만족도를 올리기 위한 OKR 목표를 설정하려면 다음과 같이 핵심 결과를 설정할 수 있습니다.

목표Objective **: 고객 만족도 향상**

Key Result 1 : 병원 직원들의 친절한 태도와 서비스 제공 능력을 향상해 고객 만족도 조사 결과를 전년 대비 10% 이상 상승시키기.

Key Result 2 : 고객의 의료서비스에 대한 만족도를 조사해, 병원 전반적인 고객 만족도를 전년 대비 5% 이상 상승시키기.

Key Result 3 : 고객의 의견을 수집하고 이를 기반으로 병원 서비스 개선을 실시해, 병원의 고객 만족도 향상에 기여하는 것을 증명할 수 있는 사례를 3건 이상 발굴하고 적용하기.

위와 같이 설정된 OKR 목표를 바탕으로 교육계획을 수립하고, 해당 교육을 실시함으로써 목표 달성을 위한 노력을 지속해 추진할 수 있습니다. 이때 교육의 효과적인 운영을 위해서는 병원 내부적인 인센티브 제도나 피드백 제도를 구성해, 직원들이 목표를 달성하고 이에 대한 보상을 받을 수 있는 제도를 마련하는 것이 좋습니다.

질문 교육 담당자로서 어떤 교육을 실시하면 될까요?

챗GPT 고객만족도를 올리기 위한 교육을 설계하기 위해서는 먼저 고객만족도를 높이기 위해 필요한 역량과 지식을 파악하는 것이 중요합니다.

병원 직원들이 고객을 상대하는 모든 단계에서 친절하고 프로페셔널한 태도를 갖추고 있어야 합니다. 따라서 다음과 같은 내용을 포함하는 교육을 할 수 있습니다.

1. 고객서비스 이론 : 직원들이 고객 서비스를 제공하는데 필요한 이론적인 지식과 관련 동영상 및 사례를 소개하고, 이를 바탕으로 직원들이 실제 업무에서 적용할 수 있는 방법을 안내합니다.

2. 대인관계 및 소통 : 직원들이 고객과 대화하고 의사소통하는 데 필요한 기술을 강화하고, 갈등상황에서 적극적인 대처법을 배우며, 효과적인 피드백 제공 방법을 익힙니다.

3. 고객불만 및 해결 : 직원들이 고객으로부터 불만사항을 접수하고, 불만사항을 빠르게 해결할 방법을 배우며, 이를 통해 고객만족도를 향상시키는 방법을 학습합니다.

4. 문제해결 및 개선 : 직원들이 문제를 발견하고 해결하는 능력을 향상시키고, 병원의 서비스를 개선하는 방법을 연구하며, 이를 통해 고객만족도를 지속적으로 개선하는 방법을 학습합니다.

위와 같은 교육 내용을 바탕으로, 실제 케이스 스터디, 그룹 디스커션, 롤 플레이 등의 방식으로 교육을 진행하며, 이를 통해 병원 직원들이 고객 만족도를 높이는 방법을 학습하도록 도와줄 수 있습니다.

기업마다 좋은 인재를 어떻게 유인할 것인가가 큰 숙제다. 무조건 스펙이 화려한 인재가 아니라, 해당 직무에 적합한 인재를 선발해야 한다. 채용은 조직의 운명과 직결되는 부분이다. 나의 고객사 중 한 곳은 신입사원들의 이탈로 큰 고민에 쌓여 있었다. 입사하고, 업무를 시작한 지 몇 개월되지 않아 꽤 많은 인력이 빠져나간 것이다. 조직의 목표를 '성공적인 채용'으로 설정했다. 이에 교육팀은 면접관 교육을 통해 '적합한 인재를 선발한다'로 목표를 정할 수 있다. 그럼 이 목표를 달성하기 위한 KR(핵심 결과)을 정해야 한다.

목표

적합한 인재를 선발한다.

핵심 결과

└ 면접관 교육을 실시한다. (지난 분기 교육과 비교해 더 높은 교육참여도, 4.8/5 이상의 교육 만족도)

└ 면접 후, 면접관의 면접 역량을 평가한다. (각종 커뮤니티의 면접 후기, 지난 채용과 비교해 부정 평가를 50%이상 줄이도록 한다.)

└ 채용 종료 후, 사내 채용 사이트 방문자 수를 확인한

다. (지난 채용과 비교해 150% 증가)

└ 면접관 개인의 자가 진단을 통해 스스로 발전하는 모
습을 확인한다. (지난 채용과 비교해 자신감 150% 증가)

얼마나 좋은 인재를 선발했는지는 시간을 두고봐야 하며 단
기적으로는 이탈하는 신입사원이 있을 수 있다. 그러나 '핵심
결과'를 설정해 두고 각각에 대해 평가하면 잘한 부분과 앞으
로 수정해야 하는 부분 등에 대해 더욱 명확해질 것이다.

이 과정 안에서 목표를 정하고, 각 목표에 대해서 (조직마다
다르게 적용이 되겠지만) 개인의 핵심 결과를 상세하게 적도록 한
다. 많은 목표가 조직에 의해서 정해진다. 혹은 다양한 목표를
구성원들에게 작성해 제출하도록 하고, 회의를 통해 그중에서
공동의 목표를 정하기도 한다. 조직의 목표가 정해지면 이를
달성하기 위해 팀별로 목표를 정하고 해당 목표 달성을 위해
핵심 결과를 브레인스토밍하듯 회의를 통해 뽑아낸다.

하지만 상대적으로 조직의 규모가 작거나, 내가 혼자 맡게
되는 목표라면 챗GPT에 계속 질문하며 브레인스토밍을 해 보
자. 감이 잘 오지 않던 OKR도 챗GPT를 활용해서 몇 번의 질
문과 답변을 주고받으면, 어떤 식으로 활용할지 알게 된다. 챗
GPT는 이렇게 활용하는 것이다. 결국 최종 결과물은 스스로

완성하는 것이다. 그러나 그 과정에서 다양한 방법의 아이디어를 챗GPT를 통해서 제공받을 수 있다.

어느 조직이나 팀이나 목표는 모두 세운다. 하물며 학생들도 시험기간이면 학습 목표를 세우고 준비에 들어간다. '중간고사 잘 보기'보다는 "중간고사 평균 90점 달성"이 더욱 성취하기에 명확한 목표가 된다. OKR을 적용해 본다면 목표를 달성하기 위한 '핵심 결과', '영어 기출문제집 2권 풀기', '과학 과목 학교 유인물 암기하기' 등처럼 구체적으로 설정해야 한다. OKR은 중간고사 점수로만 평가하는 게 아니라 '과학 과목 학교 유인물을 암기함으로써 과학 용어에 얼마나 익숙해졌는지', '영어 과목 기출문제집을 2권을 풀었는지, 1권만 풀었는지, 지난 학기 시험과 비교해서 독해 시간이 얼마나 개선되었는지' 등을 평가하는 것이다.

하나의 결과 지표만 살펴보는 게 아니라 중간고사 종료 후 다양한 평가가 가능하다. 핵심 결과 지표 중 몇 개를 실행하지 못했다면 이유가 무엇인지, 또는 너무 쉬운 핵심 결과지표라 너무 쉽게 달성을 했다면 수정할 부분을 스스로 평가하고 다음 OKR을 정할 때 반영하는 것이다.

OKR에서는 지속적인 발전과 학습이 중요하지, 목록에서 확인 표시를 하는 것 자체가 중요한 것은 아니다. 만일 내가 핵심 결과지표들을 아무것도 달성하지 못했다면, 나에게 그 이유를 묻고 수정하면 된다. 핵심 결과지표들을 전부 달성했다면, 열렬히 축하해 주고 더 어려운 목표를 세우고 계속 전진해 나가면 되는 것이다.[2]

프롬프트
질문 리스트

 # OKR에_활용할_수_있는_프롬프트

질문 | ○○ 목표를 이루면 나는 어떤 이익을 얻을까요?

질문 | 매출 목표를 달성하기 위해 어떠한 핵심 결과를 설정하면 될까요?

질문 | 매출 목표 달성을 위해 내가 노력한 부분은 어떻게 평가할 수 있을까요?

질문 | 성공인지 실패인지 어떻게 측정하나요?

질문 | ○○ 핵심결과 지표 중에서 우선순위를 정해주세요.

질문 | ○○ 핵심결과 지표를 수행하는 데 장애물은 뭐가 있을까요?

질문 | ○○○○ 핵심결과 지표를 수행하는 데 시간은 얼마나 필요할까요?

질문 | 앞선 목표와 세부 업무를 통해 OKR 방안을 5가지로 작성해 주세요.

질문 | 위에 제시된 OKR 5가지를 바탕으로 측정 지표와 그 근거는 무엇인지 알려주세요.

질문 매출 목표와 세부 업무, 측정 지표를 바탕으로 목표 달성 지수를 측정해 주세요.

질문 앞의 목표, 업무, 지표를 표로 정리해 주세요.

질문 앞의 표와 목표달성 지수를 그래프로 정리해 주세요.

소프트 스킬 함양 영역

제4차 산업혁명 시대에 요구되는 역량으로 '소프트 스킬soft skill'을 많이 언급한다. 소프트 스킬이란 '하드 스킬hard skill'에 대비되는 역량으로, 전문영역 이외의 스킬을 말한다. 학교 현장이라면 조별 활동을 할 때 주어진 과제에 대해 자료를 찾고 분석해서 발표자료를 만들고, 발표를 하는 스킬은 하드스킬에 해당한다. 이때 소프트 스킬은 팀워크, 리더십, 커뮤니케이션, 협상 등의 능력이 해당한다. 조직적으로 업무를 수행하는 회사도 마찬가지다.

대학생을 대상으로 HRD에 관한 주제로 특강을 한 적이 있다. 강의를 마치고 몇몇 교수님들과 식사를 하게 되었는데, 그

날 처음 뵙게 된 K 교수님께서 나의 강의에 대해 따뜻한 피드백을 주었다. 이후 그 대학의 총장님을 비롯해 보직교수들이 참여하는 워크숍에서 K 교수님을 다시 뵙게 되었고 총장님께 나를 정성껏 소개해 준 경험이 있다. 덕분에 나는 아주 편안하게 강의를 진행했던 기억이 있다. K 교수님은 해외 학술대회에서 논문 우수상을 수상한 적도 있는 훌륭한 학자다. 그야말로 소프트 스킬과 하드 스킬을 모두 겸비한 분이었다.

이런 소프트 역량을 챗GPT를 활용해서 키울 수는 없을까? 만약 나에게 부족한 부분이 있다면, 우리는 주변의 선배나 친구에게 물어볼 것이다. "내가 뭐가 부족해? 어떤 부분을 고치면 될까?"라고 피드백을 구할 때가 있는데, 이러한 역할을 챗GPT가 하도록 하는 것이다. 이 교수님의 예시를 챗GPT에 입력하고, 이런 소프트 스킬을 키우기 위해 어떤 노력을 하면 되는지 물어보았다.

질문 | **이 사례에 나오는 교수님은 어떤 소프트 스킬을 지닌 걸까요?**

챗GPT | 사회성과 대인관계 스킬인 '커뮤니케이션 스킬'을 능숙하게 활용하는 것으로 보입니다. 교수님은 이전에 강의를 마친 후 강의 내용에 대한 칭찬과 함께 미소와 친절한 말투로 대화를 나누어 기분 좋은 인상을 심어주었고, 이후에도 다양한 상황에서 적극적으

>>>

로 대화를 나누고 도움을 주는 등 대인관계 구축에 능숙하게 대
처했습니다. 이러한 소프트 스킬은 인간관계 형성 및 유지, 대인
간의 소통, 팀워크 및 리더십 등에 큰 영향을 미치므로 현대 사회
에서 필수적인 역량으로 인식됩니다.

커뮤니케이션 스킬을 능숙하게 활용하는 것으로 보인다고
답을 해주고 있다. 해당 스킬을 어떻게 키울 수 있는지 꼬리
질문을 계속 던져보았다.

질문 **그렇다면 그러한 소프트 스킬은 어떻게 키울 수 있을까요?**

챗GPT 소프트 스킬은 직접적으로 배우기 어렵기 때문에, 자연스럽게 키
워야 합니다. 다음과 같은 방법들을 통해 키울 수 있습니다.

1. **경험을 쌓으세요** : 많은 경험을 통해 다양한 상황에 대처하고,
어떤 상황에서 어떤 행동이 적절한지 배울 수 있습니다.
2. **피드백을 수용하세요** : 다른 사람들의 피드백을 수용하고, 자신
이 어떤 행동을 했을 때 상대방이 어떤 반응을 보였는지 적극적으
로 반영해보세요.
3. **독서와 강의를 들으세요** : 다양한 커뮤니케이션 스킬에 대해 학
습하고, 다양한 사례를 보며 배울 수 있습니다.
4. **말하기 연습을 하세요** : 말하기 연습을 통해 자신감을 키우고, 말
하기와 동시에 상대방의 반응을 파악하는 능력을 갖출 수 있습니다.

5. 자기반성을 하세요 : 자신의 감정과 태도를 이해하고, 자신의 장단점을 파악해 개선하는 방향으로 노력하세요.

6. 다른 사람들과 교류하세요 : 다양한 사람들과 교류하며 다른 문화와 가치관을 이해하고, 상대방의 입장을 존중하면서 대화하는 연습을 하세요.

나는 커뮤니케이션을 강의하는 전문가지만, 만약 누군가가 "소프트 스킬을 키우기 위한 방법을 설명"하라는 질문을 하면 챗GPT처럼 6개를 명확하게 나열하지는 못할 것이다. 계속해서 소프트 스킬을 강화할 수 있는 명확한 방법 하나를 구체적으로 알고 싶어 프롬프트 입력을 이어나갔다.

질문 **실생활에서 소프트 스킬을 향상시킬 수 있는 가장 쉬운 방법을 1개만 알려주십시오.**

챗GPT 물론입니다! 소프트 스킬을 향상시키는 가장 쉬운 방법 중 하나입니다.

더 많이 듣고 더 적게 말하기 : 효과적인 커뮤니케이션은 듣기와 말하기의 균형이 중요합니다. 다른 사람의 의견을 경청하고 이해하는 능력은 소프트 스킬을 향상시키는 핵심 요소 중 하나입니다. 다양한 상황에서 더 많이 듣고, 상대방이 말하는 것을 중요하게 여기며 주의를 기울이세요. 상대방의 의견이나 감정을 이해하고 존중하는 자세를 갖추어 소통과 협력이 더 원활하게 이루어질 수 있습니다.

이를 실천하기 위해 다음과 같은 방법들을 고려해 볼 수 있습니다.

1. 집중적으로 듣기 : 상대방이 말하는 내용에 집중하며, 주의를 기울여 상대방이 무엇을 말하고자 하는지 이해하려 노력하세요. 다양한 의견에 개방적으로 대응하며, 편견을 가지지 않도록 노력해 보세요.

2. 질문하기 : 궁금한 점이나 불분명한 부분이 있으면 질문해 명확히 이해하세요. 질문을 통해 상대방의 의견을 더 자세히 파악하고, 상대방이 말하고자 하는 바를 명확히 이해할 수 있습니다.

3. 비언어적 커뮤니케이션에 주의하기 : 언어 외적인 신호들인 몸의 움직임, 표정, 태도 등을 주의 깊게 관찰하세요. 이들은 종종 상대방의 의도와 감정을 읽는 데 도움을 주며, 상대방의 감정에 공감하고 대응하는 데 도움이 됩니다.

위의 방법들은 비교적 간단하면서도 효과적인 소프트 스킬인 '들어주기'를 향상시킬 수 있는 방법 중 하나입니다. 더 많은 연습과 경험을 통해 소프트 스킬을 향상시켜 더 나은 커뮤니케이션을 이루어내길 바랍니다.

챗GPT는 질문하는 사람이나 앞의 대화 히스토리에 따라 다른 이야기를 생성해 준다. 질문 형식을 바꿔 페르소나를 설정하고, 조금 더 구체적으로 질문을 해보았다.

질문 나는 5년차 직장인입니다. 업무에는 자신이 있지만, 프레젠테이션을 할 때 매우 떨립니다. 이러한 무대 공포증을 극복하기 위해서 어떤 노력을 하면 될까요?

챗GPT 무대 공포증은 일반적인 불안 장애의 일종으로, 프레젠테이션, 공연, 대중 연설 등과 같은 상황에서 발생하는 공포나 불안을 의미합니다. 이를 극복하기 위한 몇 가지 방법이 있습니다.

1. **연습** : 무대 공포증을 극복하는 가장 좋은 방법은 연습입니다. 발표나 프레젠테이션을 연습하고, 자신감을 키울 수 있도록 자주 연습해 보세요. 또한 친구나 가족 앞에서 연습하면서 자신감을 키울 수도 있습니다.

2. **자신감 키우기** : 자신감이 부족하면 무대 공포증이 더욱 심해질 수 있습니다. 자신감을 키우기 위해서는 자기 자신에 대한 긍정적인 생각을 하고, 자신의 강점을 인식하고 이를 적극적으로 활용해 보세요.

3. **호흡운동** : 호흡운동은 무대 공포증을 극복하는 데 큰 도움이 됩니다. 깊게 들이마시고, 천천히 숨을 내쉬는 것을 반복하면서 불안한 마음을 진정시키세요.

4. **전문가와 상담** : 무대 공포증이 너무 심하거나 극복할 수 없을 경우에는 전문가와 상담하는 것이 좋습니다. 전문가는 무대 공포증의 원인을 파악하고, 이를 극복하는 방법을 제시해 줄 수 있습니다.

5. **시각화** : 무대에 서기 전에 자신을 시각화해 보세요. 자신이 잘할 수 있다고 상상하고, 긍정적인 생각으로 마음을 안정시키면

>>>

무대 공포증을 극복하는 데 도움이 됩니다.

친구에게 선배에게 조언을 구하듯 챗GPT에 계속적인 질문을 던져보자. 다양한 방법을 생성해 준다. 나는 계속해서 질문이 생각난다.

  └ 호흡운동의 방법과 소요 시간을 제시해 주세요.
  └ 어떠한 분야의 전문가와 상담을 받아야 하는지, 상담 시 물어볼 질문 리스트를 작성해 주세요.
  └ 자신감을 키우기 위한 다양한 방법을 알려주세요.

꼬리 질문을 계속 생성하면서 소프트 스킬에 대해 도움을 받아볼 수 있다.

자기계발 영역

주변 지인들이 나에게 자신들의 계발, 혹은 경력과 관련한 조언을 구한다. 사실 HRD 전문가 입장에서 나는 원론적인 이야기만 해 줄 수 있다. 하지만 일방적인 조언이 아니라, 조언을 구하는 이들과 우선 충분히 많은 대화를 나눈 후에 나만의 통찰력을 발휘해 최상의 조언을 해주려고 노력한다. 하지만 꼭 내가 전해주는 조언이 정답일 수는 없다. 만약 내가 그런 미래를 점지할 수 있는 사람이라면 나 또한 더욱 대단한 경력의 소유자가 되어 있어야 할 것이 아닌가. 상대도 나의 조언이 맘에 들지 않을 수도 있다. 아마도 다양한 분야의 지인들에게 비슷한 방법으로 조언을 구할지도 모른다.

└ 나는 ○○○ 경력을 지닌 사람입니다. 직업적 성공을 위해 내가 갖추어야 하는 역량은 뭐가 있을까요?

└ 최근 MZ세대 직장인의 자기계발 트렌드는 어떤 방향으로 가고 있나요?

└ 나의 개인적 발전을 위해 지녀야 할 태도를 알려주세요.

└ 저는 늘 자기계발에 관심을 두고 있습니다. 혼자 공부할 수 있는 온라인 교육 플랫폼 2개만 추천해 주세요.

└ 내가 자기계발에 게을리하면 안 되는 이유는 5가지만 알려주세요.

나도 여러 권의 자기계발서를 쓴 작가다. 그런데 주변에는 자기계발서를 읽지 않는 사람들도 꽤 있다. 그 이유를 물어보면 '다 아는 내용'이라는 것이다. 그렇다. 우리는 다 아는 내용이지만, 읽고 또 읽는 과정에서 스스로 성찰하게 된다. 내가 알고 있는 것과 행동하는 건 다르기 때문이다.

마치 다이어트에 성공하는 방법을 주변에 물어보는 것처럼 말이다. 살을 빼는 방법을 모르는 사람은 없을 것이다. 원론적인 이야기겠지만 덜 먹고, 더 많이 움직이면 된다. 그런데 "나 살이 도통 안 빠져. 어떻게 다이어트에 성공할 수 있지?" 의지 부족으로 다이어트에 성공하지 못하는 것을 인정하고 싶지 않아서 하게 되는 핑계다. 그런데 다이어트에 열정을 가진 사람이 나에게 "앞으로 기대수명이 길어질 텐데, 적정한 몸무게를 유지해야 건강하게 살 수 있어요", "건강식을 챙겨 먹고, 운동을 필수로 하세요" 등의 조언을 해준다면 어떨까? 다 알고 있는 사실이지만, 나를 채찍질 해줄 사람이 필요한지 모른다. 더욱 강력한 힘으로 나를 밀어붙여 주기를 원하는지 모른다.

이런 나의 계발 영역도 챗GPT에 맡겨볼 수 있다. 챗GPT를 대화하는 나의 AI 비서로 활용해 보자. 스마트 워치가 나에게 문득 동기부여의 말들을 해주지 않던가. 웃기기도 하지만 그 순간 뭔가 정신이 번쩍 들 때도 있다. 뭔가 의지가 생기지 않는다면, 챗GPT에 말을 걸어보자. "나를 일으켜 세워줄 동기부여의 말을 해주세요", "다음 프로젝트의 성공을 위한 시간관리 방법과 긍정적인 태도를 유지하는 방법을 알려주세요" 등으로 말이다.

챗GPT는 구체적인 조언을 구할 때도 활용이 가능하다. 특정 행동에 대한 가이드 라인이 필요할 때 수많은 데이터를 학습한 생성 AI에게 물어보면 사람보다 훨씬 다양한 의견을 제시해 준다. 최근에 친구가 출간 제안을 받았다고 한다. 내가 먼저 책을 써본 사람이라 나에게 조언을 구해왔고, 내가 아는 한에서 필요한 정보를 친구에게 전달했다. 우리는 이처럼 나보다 먼저 무언가를 한 사람을 멘토로 삼아, 롤모델로 여기며 팁을 얻어왔다.

출간을 예시로 다음과 같은 프롬프트를 작성해 볼 수 있다.

ㄴ 출판사로부터 자기계발서 제의를 받았는데, 내가 고려해야 하는 사항은 무엇이 있을까요?

ㄴ 책을 잘 쓰기 위한 기초 스킬은 무엇이 있을까요?

ㄴ 출판사와 계약할 때 유의해야 할 사항은 무엇이 있을까요? 한국의 출판권 표준계약서를 바탕으로 알려주세요.

ㄴ 자기계발 분야로 원고를 집필할 때 쓸 만한 소재 10가지를 뽑아주세요.

ㄴ 전 세계적으로 인기 있는 자기계발서 3권을 알려주세요.

ㄴ 300쪽 분량, 신국판 사이즈로 책을 쓰고 싶다면 200자 분량의 원고지로 몇 매를 써야 할까요?

ㄴ 출간 이후 자기계발서에 적합한 마케팅 기법 3가지를 알려주세요.

취업, 채용 영역

◄◄ ←

이제 '평생직장'이라는 단어는 원래부터 없었던 단어가 된 것 같은 느낌이다. 기술 하나를 습득해서 평생 한두 가지 직업으로 일하는 이야기도 이제는 예전 소설책에나 나올 법하다. 신입사원 교육에 가면 Z세대 신입사원들은 현 직장에서의 목표 근속기간을 1년에서 3년 정도로 보고 있다. 오히려 적절한 시기에 이직하는 사람을 능력 있는 사람이라고 생각하는 경향도 있다. 게다가 팬데믹을 겪으면서 직장을 바라보는 가치관에 변화가 왔고, M세대와 Z세대는 그 이전 세대와 더욱 다른 가치관을 보이고 있다. 미국에서 시작된 '대퇴사시대the great resignation'에 이어, '콰이어트 퀴팅quiet quitting (조용한 사직)', 더 나아가 '레이지 어플라잉rage applying (분노의 구직)'까지 직장생활과 관련한 다양한 신조어가 등장하고 있다.

지인들 중 꽤 많은 이들이 이직과 관련해서 나에게 조언을 구한다. 경력개발 관점에서 보면, 이직을 하기 위한 준비로 나의 직무와 관련한 기록, 이를 기반으로 이력서를 부지런히 업데이트를 해야 하고 이를 위한 다양한 노력을 할 것, 구직 사이트도 열심히 들어가 보고, 헤드헌터와 긴밀한 연락을 취하는 방법 등을 전해준다. 그런데 이런 노력도 시간적 여유가 있어야 할 수 있다. 현업이 바쁘면 이 또한 여력이 없다. 뿐만 아니라, 이력서의 형식은 취업 사이트마다 다르고, 지원하는 기업마다 다르다. 하지만 이제 챗GPT의 도움을 받을 수 있다.

미국의 구인 플랫폼 레주메빌더닷컴이 2023년 2월 미국 내 구직자 1000여 명을 대상으로 설문조사를 했다.[3] 이 중 46%가 챗GPT로 이력서 또는 자기소개서를 작성했다고 응답했다. 응답자 중 72%는 자기소개서를, 51%는 이력서 작성을 챗GPT에 맡겼다고 한다. 어차피 취업 컨설턴트의 도움을 받는데, 챗GPT를 활용하면 비용과 시간이 절약된다는 것이다. 이들 중 75%가 "결과물의 완성도가 아주 높았다"고 응답을 했다. 설문조사를 실시한 업체의 임원도 지원자들이 컨설턴트에게 도움을 받는 것이나 챗GPT를 활용하는 것이나 크게 다르지 않다고 본다는 것이다. 구직자들이 이력서를 직접 쓰지 않는 형태가 전혀 새로운 게 아니라는 것이다. 오히려 지금은 챗GPT의 활용이 첨단 기술을 활용하는 것이라는 의견이다.

대학 시절, 워드프로세서가 있는데 말도 못 하게 많은 분량을 굳이 손으로 써가며 노력점수를 받으려고 했던 30년 전 이 에피소드는 그저 '라떼는'이 아니라 신기술의 발전 속도가 빠른 요즘 스마트하지 못한 것으로 들린다. 사용할 수 있는 도구가 있으면 적극 활용해야 했는데 당시에는 요령을 피우는 것이라 치부하며 시대의 변화에 적극적이지 못했다. 구글 검색 엔진을 활용하면 될 걸, 굳이 도서관에 가서 책을 찾아본다한들 누가 알아주지도 않을뿐더러, 새로운 정보를 접하는 데도 한계가 있다.

정성을 들여 한 땀 한 땀 이력서, 자소서(업무의 영역도 마찬가지다)를 쓴다 해서 누가 알아줄까. 없는 이력을 지어내라는 게 아니다. 자신만의 콘텐츠 없이 챗GPT만 활용해서는 취업을 할 수 없다. 쉽게, 다양한 기술들의 도움을 받아 취업에 성공했다고 치자. 본질적인 노력을 하지 않으면 그 안에서도 살아남기 힘들게 될 것이다. 이제 본격적으로 이직에 챗GPT를 활용해 볼 차례다.

내가 어떤 직무에 관심을 갖고 있는지, 프로필을 어떻게 최적화시킬 것인지, 관련해서 이력서를 등록해 놓았다면 어떻게 진행이 되는지, 인터뷰 준비는 어떻게 할지, 어떠한 예상질문들이 있는지, 다른 지원자와 차별화가 되려면 어떻게 해야 하는지 등에 대해서 조언을 받을 수 있다.

이력서 작성 및 피드백 받기

이력서를 처음 쓰거나, 작성해 본지가 한참 된 경우라면 이력서를 마주할 때 막막함을 느낄 것이다. 제일 먼저 고민되는 부분은 '어떤 틀로 작성을 할 것인가'다. 이력서 샘플을 찾아보거나 다양한 형식을 검색하는 것 또한 많은 시간이 들어간다. 이력서를 작성할 때 챗GPT에 도움을 구할 수 있다.

우선 최종 학교 정보, 경력, 경험 등 내 이력을 나열한다. 그런 다음 "이력서 형식으로 만들어 주세요"라고 하면 다양한 형식으로 작성해 준다. 화면 아래의 'Regenerate response'을 통해 여러 개의 버전을 만들고, 내용을 추가하고, 좋은 문장으로 수정을 하고, 복사해서 편집이 가능한 툴(워드 등)에 넣어 마음에 들게 편집을 하면 된다. 이렇게 하면 막막하게만 생각했던 이력서를 어떻게 시작할지에 대한 고민은 일단 줄어든다.

　기업마다 이력서의 형식은 모두 다르다. 대략적인 내용을 작성해서 피드백을 받아볼 수 있고, 방향성에 대한 질문을 해볼 수도 있다. 자기소개서도 물론 가능하다. 매력적인 헤드라인을 만들 수도 있다. 이력서나 자기소개서는 자신만의 이야기가 들어가야 하니 처음 작성할 때부터 챗GPT의 도움을 받을 수는 없지만, 자신이 작성한 내용으로 충분히 수정 보완 및 피드백을 받을 수 있고 차별화된 아이디어를 얻는 데 충분히 도움이 된다. 이럴 때의 질문은 구체적으로 맥락을 설정해 주면 더욱 좋다.

　└ ○○ 기업의 HRD 부서에 지원하려고 하는 5년차 직
　　장인입니다. 어떤 업무 역량이 요구되는지 알려주세요.
　└ 외국계 기업 인사 담당자인 당신은 다음의 이력서에
　　대해 어떤 피드백을 줄 수 있나요?
　└ 대기업 인사 담당자입니다. 다음의 이력서에서 수정해
　　야 할 부분을 개조식으로 알려주세요.
　└ 다음의 이력서가 다른 지원자와 차별화하려면 어떤
　　부분을 강조하거나 추가하면 될까요?

└ 채용 담당자에게 이메일을 보낼 때, 매력적인 제목(헤드라인)을 추천해 주세요.

답변이 도출되면, 그 답변을 살펴보고 추가 질문을 하면 된다. 우리가 이력서나 자기소개서를 작성하고 선배나 친구에게 피드백을 구하듯 이제는 챗GPT에 조언을 구할 수 있는 시대다.

면접 예상 질문

서류에 합격했다면 이제는 면접을 준비해야 한다. "5년 차 HRD 부서 경력사원 채용에 1차 서류에 합격 후 임원 면접을 봐야 합니다. 예상질문 10개를 뽑아주세요" 등의 질문을 할 수도 있다.

채용 담당자의 입장에서 질문을 뽑아볼 수도 있다. 예를 들어 "영업직군의 경력직을 채용하려고 합니다. 역량을 확인할 수 있는 질문과 이에 적합한 답을 알려주세요"라고 하면 채용 담당자 입장에서 예상질문과 모범 답변을 이야기해 줄 것이다. 채용 담당자도 분명히 챗GPT를 활용해 면접 질문을 고민할 것이다.

HRD 담당자를 채용할 때 어떤 질문이 가능한지 직접 챗GPT에 물어보았다.

질문 5년 차 HRD 담당자를 채용하려고 한다. 직무 관련 역량을 확인하기 위한 질문 5개를 골라주세요.

챗GPT 1. 기업에서 교육이 필요한 이유는 무엇이라고 생각하시나요?
2. 교육 프로그램을 개발할 때, 어떤 기준을 고려하시나요?
3. 교육 효과를 측정하는 방법은 어떤 것이 있나요?
4. 교육 대상자들의 학습 스타일을 파악하고 이를 고려한 교육 프로그램을 개발한 경험이 있나요?
5. 새로운 기술이나 동향을 파악하고 이를 기업교육에 적용한 경험이 있나요? 있다면, 어떻게 적용했나요?

HRD 전문가 입장에서 위의 질문을 살펴보면, 관련 역량을 확인할 수 있는 적합한 질문으로 생각된다. 면접은 과거 기반 질문을 하도록 한다. 미래에 잘할 수 있다는 가정이 아니라, 과거의 경험으로 미래를 예측하도록 하는데, 2번, 4번, 5번 질문은 과거의 경험을 확인할 수 있는 아주 좋은 질문이다.

최근의 채용 트렌드는 관련 직군의 팀원들이 함께 일할 직원을 채용하는 과정에 참여하도록 한다. 그렇다면, 각 직군에 대해 전문적인 역량은 갖고 있다 해도, 면접의 경험이 없다면 어떤 질문을 해야 할지 잘 모를 때가 있다. 이때 챗GPT를 활용해 면접과 관련한 아이디어를 제공받을 수 있다.

위의 답변에 이어서 추가 질문을 해보았다.

질문 HRD 담당자 입장에서 기업교육이 필요한 이유를 무엇이라 생각하나요?

챗GPT 면접에서 기업교육이 필요한 이유에 대해 모범 답안은 다음과 같습니다.

1. 기술의 변화와 업무의 복잡화 : 기술과 업무 방식이 빠르게 변화하고 있기 때문에, 새로운 기술과 업무 방식을 습득할 필요가 있습니다. 이를 통해 기업은 더욱 경쟁력 있는 업무를 수행할 수 있습니다.

2. 직원의 역량 강화 : 직원들의 역량을 강화함으로써 효율적인 업무 수행과 문제 해결 능력을 향상시킬 수 있습니다. 이를 통해 직원들은 더욱 능동적으로 업무를 수행할 수 있고, 기업의 성과 개선에도 크게 기여할 수 있습니다.

3. 전략적 HRD : 기업교육은 전략적 HRD의 한 부분으로서, 인재 육성과 직원의 적극적인 참여를 통해 기업의 비즈니스 전략과 일치시킬 수 있습니다. 이는 기업이 더 나은 성과를 거둘 수 있도록 도와줍니다.

4. 직원 만족도 향상 : 기업이 교육을 제공함으로써 직원들은 자

›››

신의 역량을 더욱 향상시킬 수 있으며, 이는 직원들의 업무 만족도와 긍정적인 직무태도를 향상시키는 데 큰 역할을 합니다.

5. 경쟁력 유지 및 개선 : 기업교육은 경쟁력 유지 및 개선에 중요한 역할을 합니다. 직원들의 역량 강화와 전략적 HRD를 통해 기업은 더 나은 성과를 달성할 수 있으며, 이는 경쟁력 유지와 발전에 매우 중요합니다.

이와 같이 답을 제시해 준다. 물론 HRD 전문가라면 이 같은 답은 충분히 할 수 있을 것이다. 그러나 우리가 처음 아웃라인을 잡으려고 할 때 사실 쉽지 않다. 아이디어가 머릿속에 맴돌기는 하지만 논리적으로 나열하는 것도 쉽지 않다. 그럴 때는 충분히 도움이 된다고 본다. 이력서 작성하고 면접을 준비하는 과정에서 유용한 통찰력을 제공함에 틀림없다. 물론 안에서 나의 개인적인 생각, 내가 겪은 경험들을 잘 녹여서 이야기해야 함을 기억해야 한다. 실제 업무 경력과 성과는 본인만 알고 있는 내용이기 때문이다.

채용공고가 있다면, 채용공고를 모두 넣어서(상황 설정) 물어봐도 된다. "○○기업의 채용공고는 다음과 같습니다. 당신이 인사 담당자라면, 어떤 질문을 할 것인지 예상 질문 10개를 뽑아주세요" 추가적으로 "중요도에 따라 번호를 매겨주세요"라고 해도 답변을 내준다.

만약 지원한 기업에서 외국어 면접을 시행한다면, 해당 언어로 모범 답안을 구하는 것도 가능하다. 나의 첫 직장은 외국계 기업이었는데, 독일인 사장님과 영어로 면접을 봤던 기억이 있다. 구글 번역기가 없던 시절, 자기소개, 지원동기를 비롯해 몇 개의 예상질문을 뽑아서, 영어로 어설프게 작문을 하고 미국에서 공부한 친구에게 수정을 부탁했다. 구글 번역기를 처음 써봤을 때도 편리했는데, 적합한 모범 답안을 제시해주는 챗GPT를 면접에 활용하지 않을 이유가 없다.

인재상에 대한 질문도 가능하다. 어느 기업의 인재상을 챗GPT에 입력하고, 인재상에 부합하는 인재를 선발하기 위한 면접 질문, 인재상에 부합하는 인재를 채용하기 위한 채용공고 등 지원하는 입장, 채용하는 입장에서 모두 가능하다. 대기업의 경우라면 채용의 경험이 많으므로 과거의 수많은 레퍼런스가 있을 것이다. 기존 자료에 조금 더 차별화된 채용공고와 면접 질문 등을 위해 챗GPT를 활용할 수 있다. 스타트업이나 처음 창업을 한 경우라면 채용의 절차부터 진행 등 모두가 어려운 일이다. 이전에는 이러한 경험이 있는 사람에게 조언을 구하거나, 헤드헌터의 도움을 구했을 것이다. 이제는 더 이상 외부의 도움이 필요하지 않을 수도 있다.

채용 담당자의 경우 이력서를 검증할 때도 챗GPT를 활용할 수 있다. 채용공고와 지원자의 이력 등을 입력하고 "업무에 있어서의 장단점을 알려달라"라고 하면 장점과 단점을 일목요연하게 나열해 준다. 여기서 중요한 점은 챗GPT가 제안하는 내용을 100% 신뢰하지는 말아야 한다. 결국 사람의 손을 거치는 과정은 반드시 필요하다. 또 하나 유의해야 할 점은 보안을 위해서 회사 기밀과 개인정보 등을 무분별하게 챗GPT 등 생성 AI에 남기지 말아야 한다.

프롬프트
질문 리스트

(# 이력서)　　(# 자기소개서)

질문　10년 차 출판사 편집자(직무)입니다. 편집자가 갖춰야 하는 역량은 무엇이 있을까요?

질문　역량을 구체적인 KSA로 알려주세요.

질문　내가 가진 역량은 교정, 교열, 윤문, 기획인데, 이 역량을 자소서에 어떻게 표현하면 될까요?

질문　출판사 대표 입장에서, 어떤 편집자를 원할까요? 중요한 것 3가지만 알려주세요.

질문　면접 예상질문 중요도 순으로 10개 뽑아주세요.

질문　위의 3번 질문에 대해서 모범 답변을 알려주세요.

질문　나는 5년 차 HRD 담당자입니다. 내가 쓴 이력서인데, 피드백이 필요합니다.

프롬프트
질문 리스트

질문) 대한민국 대기업의 우수한 인재의 특징은 무엇이 있을까요?

질문) (○○ 기업의 업무 방식, 보상 수준, 조직문화 등을 나열한 뒤) 5년 차 영업사원을 채용하려고 합니다. 채용공고를 작성해 주세요.

질문) 5년 차 영업사원에게 확인해야 할 역량 수준은 어느 정도일까요?

질문) 그 역량을 확인할 수 있는 적합한 질문 10개를 알려주세요.

질문) 좋은 인재를 유인하기 위해 채용공고에 꼭 들어가야 할 내용은 무엇일까요?

질문) 구직자의 이력서와 채용공고를 바탕으로 구직자의 장점과 단점을 분석해 주세요.

질문) 채용공고를 바탕으로 아래 지원자들의 점수를 매기고, 등수로 변환해 주세요.

질문) 글로벌 기업의 채용 절차 중 우리 기업에 활용할 수 있는 방법은 무엇이 있을까요?

질문 신규 직원의 온보딩 교육으로 적합한 내용 5가지를 뽑아주세요.

질문 신입사원 환영 행사를 하려고 합니다. 추천 식순을 알려주세요.

질문 신입사원 환영 행사에서 어떤 이벤트를 해야 Z세대 직원들이 좋아할까요?

프롬프트
질문 리스트

 # 면접 준비

질문 (기업 입장) 나는 인사팀장입니다. 이 채용공고에 적합한 인재를 선발하기 위한 면접 질문을 10개 뽑아 주세요.

질문 지원자 이력서를 보고 내용을 요약해서, 위의 채용공고를 기반으로 면접에서 사용할 질문을 10개만 뽑아주세요.(지원자 맞춤 질문이 가능해진다. 지원자의 면접 경험과 기업의 이미지에 긍정적 영향을 준다)

질문 21세기에 요구되는 일반적인 인재상을 바탕으로 지원자의 어떤 역량을 확인해야 할까요?

질문 지원자의 답변이 사실인지에 대한 확인은 어떤 면접 질문으로 할 수 있을까요?

질문 (○○ 기업의 인재상을 입력한 뒤) 면접 예상질문을 10개만 뽑아주세요.

질문 인사 담당자라면 지원자에게 어떤 KSA를 확인하고 싶어할까요?

질문 위의 KSA를 면접 질문 형식으로 10가지 뽑아주세요.

질문 위의 면접 질문의 모범 답변도 알려주세요.

질문 나는 ○○ 기업에 지원했습니다. 이 기업의 이슈는 무엇이고, 이와 관련
한 예상질문을 뽑아주세요.

인공지능 시대, 이제는 알파 세대가 온다

2022년에 출간한 나의 책 《젊은 꼰대가 온다》에서 386세대의 대졸 프리미엄에 대해서 논한 적이 있다. 현재 '꼰대'로 대표되는 세대일 듯하다. 대학을 다닐 수 있었던 기회, 3저 호황으로 빛나는 직장생활을 경험했기에 그 어떤 세대에 비해 인생 내내 가장 잘 나갔던 세대라 할 수 있다. 하지만 한창 왕성하게 직장생활을 해오던 시기에 세상이 디지털화되면서 어려움을 겪기도 했다. 아직도 엑셀을 다루지 못해 부하직원에게 핀잔을 듣는 이도 있다.

나는 X세대다. 아직 스스로 젊은 줄 알지만, 누가 봐도 꼰대다. 가수이자 JYP엔터테인먼트를 대표하는 박진영은 본인이 1970년대에 태어날 수 있었음에 부모님께 감사드린다고 한다. 이유는 "그 시절에 태어났기에 아날로그와 디지털을 모두 경험할 수 있어서"라고 한다. 비슷한 세대로서 공감한다. 하지만 IMF 등으로 순탄치 못한 직장생활을 시작했고 평생직장이 없어진 세상을 경험한 첫 세대이기도 하다.

다음 세대인 MZ세대는 말 그대로 디지털 네이티브다. 이전 세대와는 다르게 뇌 구조 자체가 디지털화되어 있다. 누군가에게 물어보기 전에 손가락이 검색을 먼저 시작한다. 디지털 툴을 다루는 손놀림 자체가 이전 세대와 다르다. 어떻게 그렇게 잘 다루는 건지 물어보면, "그냥 알아요" 아주 심플한 답을 한다. 디지털에 친숙한 MZ세대는 이전 세대가 디지털 툴에 익숙하지 못한 모습을 보며 답답해하기도 하는 모습을 보였다.

내가 X세대인 것에 감사한 이유는 적어도 내가 은퇴하기 전까지는 AI가 나와 나의 직업을 100% 점령하기 힘들 것이기 때문이다. 그래서 내가 이런 책을 쓸 수 있는지도 모른다. 디지털 전문가가 아님에도 HRD 전문가와 기업교육 담당자, 커리어를 고민하는 직장인을 위해 인공지능 기술에 내 전공을 접목해 인사이트를 전달할 수 있으니 말이다.

그렇다면 챗GPT를 비롯해 AI가 세상에 등장하면서 가장 불안한 세대는 어느 세대일까? 디지털화되어 가는 세상을 바라

보며 미래의 먹거리에 대해서 가장 많은 고민을 해야 할 세대는 적어도 지금 생존하는 우리는 아닐 것이다. 모든 판이 디지털로 전환된 이후에 출생한 우리 다음 세대일 것으로 보인다.

이들은 디지털 세상에 대해서는 익숙하겠지만, 디지털 세상을 이끌어가는 이들은 결국 인간인데 자칫 인간과의 소통이 부족해지고 그로 인해 세상에 대한 이해가 어려워진다면 이들의 미래는 그다지 순탄하지 않을지 모른다. 영국에서 18개월 된 아기가 세상에 태어나 처음 배운 단어가 엄마, 아빠가 아닌 '알렉사(아마존 인공지능)'였다는 일화는 유명하다.[4]

미래에 로봇이 인간의 모든 일을 대체하게 된다면, 로봇세를 추징해 그 세금으로 인간이 살아가면 된다고 이야기하는 사람도 있지만, 결국 그 로봇 역시 인간이 만들고, 로봇세의 규정 역시 인간이 만드는 것이다. 결국 인간이 존재하는 한 AI가 100% 우리를 지배하는 일은 일어나서도 안 되고, 세상이 그냥 두고보지도 않을 것이다.

챗GPT가 세상에 나오고, 각계 전문가들은 이 놀라운 현상에 대해 많은 의견을 내놓고 있지만, 결국 우리는 우리가 할 수 있는 인간만의 본질적인 역량에 집중하면 된다. 우리가 할 수 있는 분야 내에서 우리의 최선을 다하는 것이다. 챗GPT가 세상에 나온 후 많은 책들이 쏟아져 나왔다. 물론 이 책도 마찬가지다. 유튜브에는 챗GPT를 활용해 돈을 벌 수 있는 수많은 방법을 알려주는 동영상이 엄청나게 많이 올라왔다. 마치 챗GPT를 사용하지 못하면 큰일이라도 나는 양 말이다.

또 한번 강조하지만 내가 할 수 있는 나의 역량에 '딥다이브' 해야 하다. 고민할 시간에 본인의 일에 최선을 다하자. 그 안에서 전문가가 되고, 내 전문 분야의 확장을 꾀할 방법을 도모하라. 남들이 하는 유행을 따르기보다는 본질, 자신의 개인 역량, 그리고 사람만이 가질 수 있는 고유의 역량을 고민하는 편이 낫다고 나는 확신한다.

그렇다면 기성세대나 X세대는 편안한 미래가 보장된 것인가? 물론 아니다. 당장 키오스크 사용이 불편해서 할머니, 할아버지들은 외식이 어려워졌다. 돈이 있어도 쓸 수가 없게 된 것이다. 앞으로 키오스크 말고도 또 다른 기계가 등장할 테고 이에 맞춰 우리는 지속적인 학습이 필수인 시대를 맞이하게 된다. 나이가 들면 뇌가 노화되어 학습 능력이 떨어질 수밖에 없는데, 이를 위해서는 젊은 세대의 도움이 필요하다.

조직 내에서도 마찬가지다. 조직 내 시스템이 전산화되면서 겪었던 변화에서 끝나지 않고 디지털 트랜스포메이션과 AI의 등장으로 변화는 계속되고 있다. 챗GPT와 같은 AI의 등장으로 결국은 디지털 역량과 인간만의 고유의 역량 모두 요구되는 시절이 도래한 것이다. 각자의 세대가 갖고 있는 역량의 강점은 서로 다르다. 기업이든 사회 어느 분야이든 자신이 가진 역량 하나로만 세상을 살아가기 힘들어졌다. 평균수명은 길어지고 신생아가 태어나지 않아 경제인구는 줄고, 우리는 꽤 오랜 시간 다양한 세대의 공존을 고민해야 할 것이다. 단순히 세대 차이를 넘어서, 함께 할 방법을 고민해야 한다. 지금 당장 옆에 있는 동료들을 바라보라. 50대 팀장님, 20대 Z세대 등 각자가 갖고 있는 고유의 역량이 다르다. 서로 배우려고 노력하고, 이들이 함께 일한다면 앞으로 세상이 어떻게 변화하더라도 걱정 없다.

작가의 말

1   곽노필, 〈인공지능 그림 첫 경매… 5억 원에 팔렸다〉, 《한겨레》, 2018.10.26.
2   유한주, 〈국제사진전 수상 뒤 "사실은 AI가 만든 이미지" 고백〉, 《연합뉴스》, 2023.4.18.

1장. 인공지능이라는 기회

1   오원석, 〈스티븐 호킹 "AI, 인류 문명 역사 최악의 사건 될 수도"〉, 《중앙일보》, 2017.11.7.
2   권성진, 〈머스크·유발 하라리 등 1000명 "챗GPT 등 AI 개발, 6개월간 중단하자"〉, 《아주경제》, 2023.3.30.
3   김성민, 〈"자소서 써달라" 하자… 챗GPT '뚝딱' 작성, 빙 "당신이 해"〉, 《조선일보》, 2023.2.16.
4   정수민, 〈바이든 AI 위험성 강조… 관련 주가 하락〉, 《조세일보》, 2023.4.5.
5   김다정, 〈구글, AI 반도체 4세대 TPU 공개… 엔비디아 주가 2.08% 하락〉, 《글로벌이코노믹》, 2023.4.6.

6   임미연, 〈지역 호기심과 창의성의 관계에 대한 연구〉, 서울대학교, 2021.

7   안영식, 〈융합적 사고의 재개념화 : 재해석된 통찰을 중심으로〉, 청주교육
     대학교, 2022.

8   전세화, 〈코딩 수업 듣는 의대생… 의학교육 변화, 눈에 띄네〉, 《교수신
     문》, 2018.11.19.

9   신향식, 〈"프랑스 바칼로레아와 국제 바칼로레아는 달라요"〉, 《오마이뉴
     스》, 2018.9.17.

10   이혜정 외, 《IB를 말한다》, 창비교육, 2019.

11   이승용, 〈은행, 점포 감소에도 채용문 활짝〉, 《메트로신문》, 2023.4.18.

12   이혜진, 〈윤리적 시민교육의 실천 방안 연구〉, 서울대학교, 2021.

13   Bellanca 외, "Deeper Learning : Beyond 21st Century skills", 김하늬,
     최선연 역(《디퍼 러닝》, 테크빌교육, 2019.), 이혜진 재인용

14   이지성, 《에이트》, 차이정원, 2019.

15   김효은, 《인공지능과 윤리》, 커뮤니케이션북스, 2019.

16   양일혁, 〈"발생 가능한 윤리적 문제는?"… AI 윤리 국가표준 첫 제정〉,
     《YTN》, 2023.06.15.

17   안갑성, 〈앞으로도 기계가 대신할 수 없는 7가지 스킬은?〉, 《매경프리미
     엄》, 2018.7.24.

18   박순봉, 〈첫발만 뗀 자율주행, 늦어지는 상용화…대중의 '기대'도 낮아졌
     다〉, 《경향신문》, 2023.4.9.

19   유한주, 〈국제사진전 수상 뒤 "사실은 AI가 만든 이미지" 고백〉, 《연합뉴
     스》, 2023.4.18.

20   이상현, 〈국제사진전 우승한 작가, 수상 거부한 충격적 사연 "내가 안 찍었
     다"〉, 《매일경제》, 2023.4.19.

2장. 챗GPT 시대와 일

1   박희원, 〈챗GPT 왜 쓰냐고? 2명 중 1명은 '이것'이 목적〉, 《뉴스웨이》,
     2023.3.23.

2   박희원, 앞의 글,《뉴스웨이》, 2023.3.23.

3   D. Autor, F. Levy, R. J. Murnane, "The skill content of recent technological change: An empirical exploration", *The Quarterly Journal of Economics*, 2003.

4   〈인공지능에 의한 일자리 위험 진단〉, LG경제연구원, 2018.5.

5   M. Arntz, T. Gregory, U. Zierahn, "The Risk of Automation for Jobs in OECD Countries: A Comparative Analysis", *OECD Social, Employment and Migration Working Papers*, 2016.6.

6   김범수, 〈제조로봇 넘어 사무용 SW로봇 뜬다… IBM "사무업무 63% 적용 가능"〉,《조선일보》, 2018.6.7.

7   권해영, 〈AI 때문에… "일자리 3억 개 사라질 위기"〉,《아시아경제》, 2023.3.28

8   앞의 글, LG경제연구원, 2018.5.

9   전치형, 홍성욱,《미래는 오지 않는다》, 문학과지성사, 2019.

10   〈챗GPT 이용 경험 및 인식〉, 한국언론진흥재단, 2023. 4.

11   배한님, 〈'잉여인간 양산' VS '통찰력에 집중'… 챗GPT가 촉발한 일자리 논란〉,《머니투데이》, 2023.2.13.

12   배한님, 위의 글,《머니투데이》, 2023.2.13.

13   최원진, 〈"내 일도 뺏길라"… 미래 AI가 대신할 직업 10가지〉,《뉴스핌》, 2023.2.13.

14   김가은, 〈챗GPT 활용 시작한 과기정통부… "보도자료 제목 챗GPT로 작성"〉,《테크M》, 2023.2.22.

15   유기윤, 김정옥, 김지영,《미래 사회 보고서》, 라온북, 2017.

16   김태호, 〈삼성·현대·LG 다 뛰어든 로보틱스… '챗GPT'로 로봇 진화 가속〉,《한국경제》, 2023.4.10.

17   김태호, 〈어노테이션에이아이, 서울커피엑스포서 'AI 바리스타 로봇'으로 주목〉,《AI타임스》, 2023.4.11.

18   School Sisters of Notre Dame, 'Nun Study' (https://ssnd.org/ministries/ nun_study/)

19   양정애, 〈챗GPT 이용 경험 및 인식 조사〉,《미디어이슈》 9권 3호, 한국언

론진흥재단 미디어연구센터, 2023.4.12.

20 박종훈, 〈"평생직장은 옛말… 평균 9.5년"… 기아·KT·포스코홀딩스·에쓰오일·한화생명 등은 평균 20년〉,《한스경제》, 2023.2.6.

21 박영숙, 김민석,《챗GPT 세계미래보고서》, 더블북, 2023.

22 정두용, 〈삼성發 '챗GPT 유출' 우려, 네이버 먼저 알았다… 카카오는 늑장 대응〉,《이코노미스트》, 2023.4.13.

23 노나카 이쿠지로, 다케우치 히로타카, 〈현명한 리더〉,《하버드 비즈니스 리뷰》, 2011.5.

24 R. Hogen, R. B. Kaiser, "What we know about leadership"(*Review of General Psychology*, 2005.9.), p.169.

25 데이비드 드 크리머, 박단비 옮김,《다음 팀장은 AI입니다》, 위즈덤하우스, 2022.

26 C. Fuchs, A. Granulo, S. Puntoni, "Psychological reactions to human versus robotic job replacement"(*Nature Human Behavior*, 2019.3), p. 1062~1069.

27 P. Drucker, 'The manager and the moron', *McKinsey Quarterly* 4, 1967. (mckinsey.com)

28 이유미, 〈디지털 시대 새로운 패러다임과 리터러시 : 디지털 리터러시와 AI 리터러시를 중심으로〉, 중앙대학교, 2022.

29 김석, 〈최근 1년간 성인 독서량 4.5권… 종이책 줄고 전자책·오디오북 늘어〉,《KBS》, 2022.1.14.

30 김성민, 〈"자소서 써달라"하자… 챗GPT '뚝딱' 작성, 빙 "당신이 해"〉,《조선일보》, 2023.2.16.

31 정병일, 〈MS, 구글, AI 챗봇 경쟁에 '윤리'보다 '속도' 선택〉,《AI타임스》, 2023.4.10.

32 팽동현, 〈오라클 "데이터 홍수로 경영진 70%가 AI에 의사결정 맡기길 원해"〉,《디지털타임스》, 2023.4.19.

33 이애화, 〈디지털 리터러시 교육을 위한 디지털 역량의 개념적 특성과 한계〉,《교육문화연구》, 인하대학교 교육문화연구소, 2015.

34 이유미, 앞의 글, 중앙대학교, 2022.

35 최원진, 〈美 기업 4곳 중 1곳, 챗GPT로 직원 대체〉, 《뉴스핌》, 2023.2.27.

36 조민교, 〈챗GPT 대체 가능 직군'… "백수 될 것" vs "업무효율 늘어날 것"〉, 《뉴스핌》, 2023.2.19.

37 정충신, 〈"챗GPT 답변논리 정교해 놀랍다"… '국방부 vs 챗GPT' 대결에 예비역장성 반응〉, 《문화일보》, 2023.3.5.

38 박근우, 〈취준생이 취직하고 싶은 대기업은 男 '삼성전자'·女 '카카오' 1위… 현대차·네이버 순〉, 《녹색경제신문》, 2021.2.3.

39 임혜령, 〈문과 졸업하면 로스쿨 진학은 필수?… 리트(LEET) 원서접수 '역대 최고'〉, 《법조신문》, 2022.6.21.

3장. 직장인을 위한 챗GPT 사용법

1 https://promptbase.com

2 크리스티나 워드케, 박수성 옮김, 《구글이 목표를 달성하는 방식 OKR》, 한국경제신문, 2018.

3 최원진, 앞의 글, 《뉴스핌》, 2023.2.27.

4 허태윤, 〈"MZ세대 이후 알파세대 온다"… 알파를 이해해야 하는 까닭〉, 《이코노미스트》, 2023.3.18.

포스트 챗GPT, 역량 딥다이브

제1판 1쇄 인쇄 2023년 6월 23일
제1판 1쇄 발행 2023년 6월 30일

지은이　　이민영
펴낸이　　나영광
펴낸곳　　크레타
출판등록　제2020-000064호
책임편집　김영미
편집　　　정고은
영업기획　박미애
디자인　　박은정

주소　　　서울시 서대문구 홍제천로6길 32 2층
전자우편　creta0521@naver.com
전화　　　02-338-1849
팩스　　　02-6280-1849
포스트　　post.naver.com/creta0521
인스타그램　@creta0521
ISBN　　　979-11-92742-09-0 03320